W0292775

Vorwort
Piero Ottone

Texte
Gaetano Cafiero

Aufnahmen
Marcello Bertinetti
Giulio Veggi

Koordinierung der Druckereiarbeiten
Valeria Manferto De Fabianis

Koordinierung der Grafik
Patrizia Balocco

World copyright © 1989 White Star,
Via Candido Sassone 22/24, 1-13100 Vercelli
World copyright © 1990 deutsche Ausgabe
Stürtz Verlag, Würzburg

Übersetzung ins Deutsche:
Robert Abel, Bayreuth
Printed in Italy
ISBN 3-8003-0375-2

Italia mare

AN DEN KÜSTEN ITALIENS

stürtz

Inhaltsverzeichnis

Der Verleger bedankt sich für die Mitarbeit bei:

Gianni Biggio, Franco Bertinetti, Massimo Borro, Pietro Garbizza, Gianna Manferto, Anna und Gianluigi Placella, Luigino Romano, Franceso Zanotti, die »Cooperativa Parco Naturale Isola di Capraia«.

Seite 1

Eine gewaltige Sturmflut schlägt sich auf die »Riviera Ligure« nieder. Im Hintergrund ist das Städtchen Sori zu erkennen.

Seite 2/3

Die ausgeglichene Stille vor dem Sonnenuntergang beendet einen Tag harter Fischerarbeit. Hier ist der Meeresarm gegenüber von Praia abgebildet, längs der »Costiera Amalfitana« (Küste von Amalfi).

Seite 4/5

Trotz des Fortschrittes von Wissenschaft und Technik ist der Mensch gegenüber den Naturgewalten des sturmdurchwühlten Meeres machtlos.

Seite 6/7

Der Maddalena Archipel ist eine der bezauberndsten Gegenden der italienischen Küsten. Zu seinen Merkmalen gehören ein noch kristallklares Meer und das dichte Buschwerk, die »macchia mediterranea«. Auf der linken Seite der Abbildung kann man die Insel von Budelli erkennen, rechts dagegen Razzoli.

Seite 8/9

Die Boote sind von Region zu Region unterschiedlich in Form und Dekoration, stellen jedoch seit je die engste Bindung zwischen Mensch und Meer dar.

Vorwort

Piero Ottone

Homme libre, toujours
tu cheriras la mer
(Baudelaire)

Die Italiener und das Meer: Ein schönes Thema. Aber es ist ein illusorisches Thema, denn die Italiener haben mit dem Meer kein dauerhaftes Verhältnis; sie lieben es nicht immer oder lieben es nicht genug, im Gegensatz zu anderen Völkern, wie Phöniziden, Wikingern oder Engländern, die wirklich als Volk von Seefahrern bezeichnet werden können. Während langer Zeitabschnitte ihrer Geschichte lebten die Italiener vom Meer zurückgezogen. Warum? Niemand kann behaupten, daß sie für lange Jahrhunderte tiefe Wurzeln auf dem Festland geschlagen haben, nur weil sie der Anziehungskraft von fruchtbaren und einladenden Ebenen folgten. Das Territorium der Halbinsel, mit Ausnahme der Po-Ebene und wenigen anderen verstreuten Ge-

bieten, ist bergig und herb. Die Einwohner der Regionen südlich der »linea gotica« (Gotenlinie) lebten für lange Zeit als Inselbewohner, weil die Verbindungen über die Appeninen mit dem Kontinent stets prekär waren. Jedoch war das antike Rom in der ersten Periode seiner Geschichte eine Macht des Landes, das Preußen der Antike, und bekehrte sich nur zur Seefahrt als es den Kampf gegen Karthago aufnahm, das damalige England, weil es keine andere Wahl hatte.

Wahr ist es, daß Rom nach seinem Sieg über Karthago die Eigenschaften einer globalen Macht annahm, stark auf dem Meer, nicht weniger als auf dem Lande und so mancher seiner Generäle auch zu einem guten Admiral wurde. Kampftüchtige Flotten bewegten schnellstens Heere von einem Ende zum anderen des Mittelmeeres, bekämpften und rotteten die Piraten aus, forderten die Feinde zum Kampfe heraus und bezwangen sie. Eine Unzahl von langsamen und dickbäuchigen Frachtschiffen transportierten in der Zwischenzeit Korn, Obst, mit Öl gefüllte Amphoren und Wein aus Afrika oder Spanien nach Italien. Trotzdem nahm das »Impero« nie eine Seefahreridentität an. Mehr als die Schiffe wurden die als Viereck aufmarschierende Legionen das Symbol von »Roma imperiale«.

Nach dem Untergang des »Impero romano« vergaßen die Italiener ihr Meer und verzichteten auf die Seefahrt. Dieser Verzicht währte bis zur Geburt der »Comuni« und der »Repubbliche marinare« (Hansestädte). Jedoch folgte diesem strahlenden Kapitel unserer Geschichte erneut ein großer Rückzug auf das Festland: Nocheinmal verschlossen sich die Italiener in die von Mauern geschützten Dörfer. Die Genueser und Venezianer fuhren weiterhin zur See, als Beruf, nun fast mit Demut und ohne Ruhm.

Auch die Vereinigung Italiens wurde auf dem Festland vollbracht.

Es war eher eine Tat der Infanterie und der Kavallerie als die von Admiralen und Seefahrern: Die langsame Überfahrt Garibaldis von Quarto nach Sizilien auf einem alten Dampfschiff war eines der wenigen Episoden des Freiheitskampfes, die in Zusammenhang mit dem Meer stehen und dazu nicht unbedingt besonders mutig oder nennenswert. Das bekannteste auf Seefahrt bezogene Ereignis, das stets sofort im Gedächtnis erscheint, ist eine Niederlage: Die Schlacht von Lissa.

Diese Niederlage blieb leider nicht die letzte. Während den zwei Weltkriegen unseres Jahrhunderts wurden Heldentaten von mutigen Männern vollbracht und nicht ohne Opfer: Die MAS Sturmboote, die »maiali« aus Alessandria und Gibraltar wurden oft siegreich eingesetzt. Jedoch die Flotte insgesamt mußte oft schwere Niederlagen hinnehmen, nicht nur aufgrund einer Unterlegenheit der Mittel, des Mangels an modernen Geräten, wie das Radar, sondern auch wegen einer mißtrauischen Einstellung zum Meer, zu den Seeleuten, die dazu führte, daß der Kommandant der Flotte während der Gefechte nicht das machte was er für richtig hielt und auch nicht eigenen Entschlüssen nachging, sondern nach Befehlen aus Rom handelte.

Kann man sich eine weniger seefahrereigene Mentalität vorstellen? Kann man noch offensichtlicher das Gesetz des Meeres ignorieren, nach dem auf dem Schiff nach Gott nur der Kapitän etwas zählt? (Die Engländer ließen dem Kommandanten des Schiffes Entscheidungsfreiheit, sobald die Schiffe den Hafen verließen. Admiral Cunningham, Kommandant der Mittelmeerflotte, war sich eines Abends unsicher, ober er mit seiner Flotte Richtung Westen steuern oder nach Alessandria zurückkehren sollte. Er sah auf seine Uhr: »Es ist Zeit abendzuessen, sagte er, wir werden uns hinterher entscheiden.« Er aß zu Abend, dann entschloß er weiterzufahren und gewann eine Seeschlacht, die von Matapan, die in die Geschichte einging.)

Und wir? Unsere Bilanz wäre negativ, wenn nicht auch wir ruhmreiche Jahre erlebt hätten, die glanzvollen Jahre der »Repubbliche«; fünf goldene Jahrhunderte, während der Italiener aus Venedig und Genua, aus Pisa und Amalfi, aus noch vielen anderen Städten und Regionen von Ligurien bis Sizilien und Dalmatien, damals noch Italien zugehörig, sich mit Gewandheit auf das Meer hinauswagten, mit Leichtfertigkeit, mit unglaublichem Mut, also mit allen beneidenswerten Fähigkeiten der Seefahrervölker.

Unsere Zeit der Seefahrt, als sie kam war nicht eine Seite der Geschichte wie jede andere. Ganz abgesehen von ihrer Dauer

Links

In der unendlichen Ausbreitung des Meeres, in der absoluten Freiheit des Fluges einer Möwe ist der tiefste Sinn dieses besonderen Aspektes der Natur enthalten.

über Jahrhunderte, war sie so mitreißend, daß sie jedem Vergleich standhält. Erinnern wir uns jetzt an die schönsten Seiten unserer Geschichte, nachdem wir die traurigen Seiten bereits durchgelesen haben. Die Segelschiffe der »Repubbliche« steuerten jeden Frühling in Schwärmen Richtung Orient: Die Händler wachten aufmerksam über ihre Waren, stets an Bord anwesend; nicht nur geschickte Geschäftsmänner waren sie, sondern auch mit der Handhabung des Schwertes und der Schiffahrt vertraut. Auf den griechischen Inseln des Ionischen Meeres, der Ägäis, auf Rhodos und Kreta, bis zur entfernten Insel Zypern, längs der türkischen Küsten und ihrer reichen und lebhaften Städte, mit ihren prunkvollen Farben und penetranten Gerüchen, gab es Warenhäuser von Genuesern, Venezianern, kurz gesagt von Italienern geführt, gab es Warenlager und Basare, in denen unsere Dialekte gesprochen wurden.

Aber das ist noch nicht alles. Verwegene Segelschiffe wagten sich über die Dardanellen hinaus, durch den Bosporus bis zum Schwarzen Meer, bis nach Odessa und zur Krim. Andere zogen den Bug ihrer Schiffe auf die Strände der heiligen Erde, um Verbindung mit dem Karawanen aufzunehmen, die aus Indien und China kamen. Und diese abenteuerlichen Reisen wiederholten sich jedes Jahr, immer öfters, immer lohnender; zu Zeiten jedenfalls, als nicht andere Expeditionen zu kriegerischen Zwecken erforderlich waren oder die Flotten von Suliman dem Herrlichen gigantisch und drohend Richtung Westen segelten, um den Peloponnes oder Malta anzugreifen, Tunis oder Sizilien, und man ihnen entgegentreten mußte.

Reisen von Kriegern, Reisen von Händlern: Jedes Jahr wiederholten sich die Episoden der gleichen menschlichen Komödie, mit abwechselndem Schicksal, manchmal zum Vorteil der Moslems, dann der Christen, bis zur Seeschlacht von Lepanto, die für die türkische Macht einen tödlichen Schlag bedeutete. In Lepanto wirkte neben Johann von Österreich auch ein italienischer Kommandant, ein Doria aus Genua.

Nicht weniger wichtig, auch wenn nicht so reich an Folklore, war der Verkehr Richtung Westen, mit Frankreich und Spanien und weiter. Eine Genueser-Flotte unter dem Kommando von Andrea Doria stand den Spaniern zu Diensten; Karl V. und Philipp II. hielten unsere Seemänner in großen Ehren und bedienten sich ihrer in weitem Maße. Über Gibraltar hinaus wagten sich die Seeschiffe mit der Fahne unserer »Repubbliche« längs der europäischen Küsten bis Lissabon, bis zur Bretagne, bis nach Flandern und England; oder sie überquerten sogar das offene Meer.

Die Geschichte widmet die Kapitel der großen Entdeckungen hauptsächlich der italienischen Glanzzeit. Man denkt sofort an Christophorus Columbus; jedoch Columbus, ohne seine Größe zu schmälern, war einer der vielen. Die Kultur, die in diesen Jahrhunderten im westlichen Europa blühte, war eine Kultur der Abenteuer, und die Menschen, von Eroberungsdrang bewegt, suchten immer neue Grenzen. Bei den Unternehmen waren die Italiener stets zwischen den Protagonisten und hatten den Katalanern und Portugiesen bezüglich der Schiffahrt einiges vorzuweisen.

Francesco Petrarca schrieb 1337 in einem seiner Briefe: »Von Britannien, von Irland und von all den Orkadeninseln im Norden des westlichen Ozeans, und von den Fortunateinseln der Mitte des gleichen Ozeans, haben wir, sei es aus der Erfahrung, sei es durch Erzählungen der Reisenden, die alle Tage dorthin gelangen, nicht weniger Nachrichten als aus Italien oder Frankreich«. Und im Jahre 1346 schrieb er, daß auf den Fortunateinseln »zur Erinnerung an unsere Väter eine Genueser Kriegsflotte anlegte«. Es waren die kanarischen Inseln: wahrscheinlich ist es auch, daß die Azoren und Porto Santo und Madeira vor den Portugiesen bereits von den Italienern angesteuert wurden.

Es gab fünf Jahrhunderte Dunkelheit in der Geschichte unseres Verhältnisses mit dem Meer, jedoch erlebten wir auch goldene Zeiten. Nun: die goldene Zeit war gleichzeitig die Zeit der Freiheit. Nur freie Völker, die ihr eigenes Schicksal bestimmen, fahren zur See; und nicht nur weil sie die Bindungen politischer Unterworfenheit daran hindern könnten Flotten auszurüsten und Richtung entfernter Strände zu segeln, sondern weil das Abenteurer der Seefahrt ein besonderes Verhalten des Geistes erfordert, genauergesagt einen Geist der Freiheit, des Mutes, des Selbstbewußtseins. Die Menschen fahren nicht zur See, wenn sie entmutigt und geknickt sind, sondern wenn sie in das Leben und in sich selbst vertrauen.

So geschieht es, daß die Jahrhunderte des Ruhmes in der Politik und im Handel, die Jahrhunderte der »Comuni« und der »Repubbliche«, für die Italiener auch die Jahrhunderte des engsten Verhältnisses mit dem Meer sind. Ab dem 6. Jahrhundert, als die Beherrschung durch Fremde begann, als die Halbinsel Boden für Eroberer wurde, als auch die frei gebliebenen »Repubbliche«

Seite 12

Obwohl auch das Mittelmeer mit den schwerwiegenden Problemen der Umweltverschmutzung zu kämpfen hat, gibt es doch noch Gegenden unangetasteter Schönheit.

Seite 13

Eine gewaltige Brandung stürzt auf die Küstenstraße von Manarola in den Cinque Terre ein.

mehr oder weniger direkt von externen Mächten abhängig waren, bricht das Verhältnis mit dem Meer ab und die Seefahrertradition versiegt. Wahr ist es, daß nach der Entdeckung von Amerika die Geschichte der Seefahrt vom Mittelmeer zu den Ozeanen überwechselt, jedoch ist es nicht die Angst vor dem Ozean, die die italienischen Seefahrer bremst, denn sie hatten ihn ja doch als erste durchfurcht. Es ist die Niedergeschlagenheit auf nationaler Ebene, die uns zur Bodenständigkeit zwingt, weil nur der freie Mensch, der Dichter sagt es, das Meer liebt.

Jetzt sind wir frei, mehr oder weniger: Seit über einem Jahrhundert sind wir ein eigenständiger Staat, mit der Bestrebung, uns den reicheren und stärkeren Ländern der westlichen Welt gleichzustellen. Entdecken wir also das Meer wieder? Finden wir zu unseren alten Bräuchen zurück, zu den Traditionen der Jahre, als wir solide und schnelle Schiffe bauten, die ein wenig besser waren als die der anderen, und neue Routen entdeckten und neuen Abenteuern entgegenzogen?

Versuchen wir eine klare, sachliche und nicht rhetorische Antwort zu geben. Auch zu unserer Zeit, obwohl neue Transportmöglichkeiten entdeckt worden sind, obwohl wir nun mit dem Flugzeug, dem Zug oder dem Auto leichter als mit dem Schiff reisen, fährt man weiterhin zur See, aus militärischen Gründen, um Handel zu betreiben, zu fischen und zum Vergnügen. In jeder dieser Aktivitäten sind die Prämissen für eine erneute Behauptung Italiens enthalten: Wir haben eine gute Marine, von einer Akademie besten Niveaus in Livorno unterstützt; wir haben Reeder und Seeleute in verschiedenen Städten am Meer, von Genua bis Neapel, von Palermo bis Triest. Die Fischerboote werfen ihre Netze in der Adria aus, längs der nordafrikanischen Küste, im Atlantischen Ozean; wir ernten manchen Ruhm, auch im sportlichen Bereich.

Fahren wir fort. Es ist ein schönes Beispiel von Seefahrermentalität, wenn in Korsika ein 9-m-Segelboot ankommt, ein bißchen blaß in der Farbe längs des Rumpfes, die Segel nachlässig ausgefranst, und an Deck Vati, Mami und ein paar Kinder im Alter zwischen 5 und 10 Jahren. Wahrscheinlich handelt es sich um Bretonen oder Provenzalen, die in ihrem Mikrokosmos, wenn man die richtigen Vergleiche zieht, ein Abenteuer erlebt haben, das hinter den großen Heldentaten der Seefahrtsgeschichte nicht viel zurücksteht. Ich behaupte nicht, daß die Italiener nicht zu gleichen Taten fähig wären. Jedoch, wenn dieses Segelschifflein von 9 m Länge das Symbol eines zum Vergnügen seefahrenden Frankreichs ist, so ist sicher das entsprechende Symbol für Italien eher ein »Bügeleisen«, also eine Kabinenmotoryacht mit 20 m Länge.

Die Wettervorhersagen dienen hauptsächlich den zur See Fahrenden (und den in der Luft Fliegenden sicherlich auch: Aber die Flieger erhalten diese Wetterberichte direkt am Flughafen, bevor sie zum Flug abheben). Jedoch bei uns werden sie vom »servizio meteorologico dell'Aeronautica« (Meteorologisches Amt der Luftfahrt) aufgestellt und nicht von der Marine: Also von Offizieren, die von der Institution her eigentlich keine Seefahrermentalität besitzen. Was bedeuten 70 Knoten Wind für ein Flugzeug? Seinerseits sendet die RAI die Wetterberichte, wenn es gerade welche gibt, zu unregelmäßigen Uhrzeiten, als Anhang zu Nachrichten unterschiedlicher Dauer, nachdem sie über die Streiche von De Mita und die Heldentaten von Inter Mailand berichtet hat: Dazu klingt noch offen heraus, daß sie diese Wetterberichte mit Unlust sendet. In Frankreich gibt es eindeutige Marine-Wetterberichte, in England unterbricht die BBC ihre Sendungen, um aufkommende Stürme zu melden.

Komplizierte und verworrene Gesetze behindern bei uns die Handelsschiffahrt und die Regelung der Häfen. Es bestehen absurde Zwangspunkte, doch die Gesetze entstehen nicht aus dem Nichts, sondern sie drücken ganz einfach eine Mentalität aus, die nicht im Gleichklang mit dem Meere schwingt. Zum Glück sind nicht alle Italiener sowenig seemannshaft wie die Wortführer der Regierung. Gott sei Dank existiert der Geist der Seefahrt und kommt voran: Wir sind wie ein alter Riese, der nach langem Schlaf sich wieder selbst wahrnimmt und sich nach und nach daran erinnert, was er vor dem Einschlafen tat. Die Erinnerungen sind berauschend und tragen berühmte Namen: Vivaldi und Caboto, Christophorus Columbus und Andrea Doria. Wir finden die Spuren unserer Seefahrervergangenheit längs unserer Küsten, in den kleinen Ortschaften und in den Städten des Meeres: Genua und Camogli, Neapel und Amalfi, Venedig und Triest, Monfalcone und Ragusa. Weitere Spuren dieser Vergangheit haben wir in Griechenland und in der Türkei, auf Kreta und Zypern, auf den kanarischen Inseln, auf Madeira und in der Karibik hinterlassen . . . Nach und nach begeistert sich der Riese und kehrt auf das Meer zurück.

Seiten 14/15

Mit einer Technik, der beim Thunfischfang in den »tonnare« angewandten ähnlich, versenken die Fischer von Camogli ihre Netze im Meer.

Seite 16/17

Procida bei Nacht: Die typischen Häuser der Insel spiegeln sich in den Wassern des Hafens von Corricella.

Seite 18/19

Ein stürmischer Himmel verdunkelt die Insel von Capraia und die das Städtchen dominierende Festung von San Giorgio.

Seite 20 oben

Längs der Küsten von Sardinien gibt es immer wieder diese einzigartigen Farbkontraste, von dem glasklaren Wasser und den unterschiedlichen Farbtönen der unter Wasser liegenden Felsen kreiert.

Seite 20 unten

Der Naturpark des Vorgebirges von Portofino streckt sich zwischen dem Golfo Paradieso und dem Golfo del Tigullio über 3 km in das Meer hinaus.

Seite 21

Klar heben sich die weißen Klippen vulkanischen Ursprungs der Insel Ponza vom Himmel ab.

Küsten und Inseln

Eine Meereslandschaft kann man nicht mit einem Blick erfassen. Zeit und wiederholtes Hinblicken sind erforderlich, um in ihr die Unterschiede und die wiederkehrenden Merkmale zu erkennen.

Eine Reise um das italienische Meer, sich manchmal unter die Wasseroberfläche wagend, jedoch hauptsächlich längs der kontinentalen Küsten der Halbinsel entlang, muß auf den Gipfeln der höchsten Berge beginnen. Nach politischen und auch geologischen Gesichtspunkten ist unser Land ein junges Land. Wenn wir auf das Mesozoikum zurückblicken, also 225—70 Millionen Jahre in die Vergangenheit, existierte von dem heutigen Italien nur Calabrien, und nicht einmal vollständig, mit gegenüberliegend ein Stückchen Sizilien, mehr oder weniger die heutige Provinz von Messina, und eine große von den heutigen Inseln Sardinien und Korsika gebildete Insel. Vor nur einer Million Jahre (eine geologische Winzigkeit), hätten hypothetische Gründer des heutigen Mailands (von Mediolanum, zu deutsch »inmitten einer Ebene«) ihre Stadt Metaponto (»inmitte des Meeres«) nennen müssen und das Augusta Taurinorum, heute Turin, an den Hängen eines einzelnen Berges Wurzeln schlagend, wäre ein Augusta Piscatorum, also eine Art Positano geworden. Spuren dieser Urvergangenheit sind die Fossilien ausgestorbener Kreaturen des Meeres, Schalen von Muscheln und Krebsen, die heute in großen Mengen auf den Gipfeln der Alpen gefunden werden. Den wissenschaftlichen Beweis dieser Vergangenheit lieferte 1789 Monsieur Dieudonne de Gratet des Dolomieu, ein adeliger Geologe aus Frankreich, der feststellte, daß der Fels der Berge, die nördlich des Rienza-Tales, südlich des Valsugana-Tales, östlich des Piave und westlich der Etsch emporragen, anders beschaffen ist, als alle anderen Felssorten: Ein Kalzium- und Magnesiumbikarbonat, das aus der Kristallisierung riesiger, zyklopischer Korallenblöcke entstanden ist, das Millionen Jahre zuvor in einem warmen tropischen Meer gewachsen ist.

Der Planet Erde lebt in ständiger Veränderung, das weiß man, aber es ist schon sehr schwierig, sich Landschaften vorzustellen,

die nur dank wissenschaftlicher Forschungen rekonstruiert werden konnten.

Also hat das Meer Italien und die Italiener geformt, und das sogar in Gegenden, wo es in den Geschichtsbüchern nicht verewigt ist, sondern wo nur durch wissenschaftliche Recherchen seine Spuren erkannt werden konnten.

Der Mensch war dem Meer unterworfen, hat es sofort als seiner Natur widrig empfunden, hat die physikalischen Eigenschaften des Meeres als Verteidigungsinstrument genutzt. Die Wahl der Lagune und des Archipels durch die Gründer von Venedig, die von Aquileia und Padova im 5. Jahrhundert auf vier Inseln, Grado, Caorle, Torcello und Malamocco flohen und später weitere 114 Inseln besiedelten, wurde durch die heranströmenden barbarischen Horden bedingt (oder besser gesagt erzwungen). Später schützte man im Inneren des Landes die Bauten mit Wasser gefüllten Gräben, die die dahinterliegenden Burgen zu Inseln machten, selbst wenn sie im bergigen Hinterland gelegen waren.

Aber hier, von dem immensen Po-Delta bis nach Comacchio mit seinen Tälern und bis zu den Lidi von Ravenna, kann man nicht von einem wahren Meer sprechen, weder im geografischen noch im geschichtlichen und antropologischen Sinne. Hier ist die Kultur hauptsächlich ländlich, landwirtschaftlich, so daß man statt von Fischzucht von »Wasserkultur« spricht, die in »Tälern« praktiziert wird. Diese »Täler« haben nichts mit den Tälern am Fuße der Berge zu tun, sondern es handelt sich um große Naturbecken, die mit Salzwasser gefüllt sind, das teilweise aus dem Meer und teilweise aus den Flüssen kommt.

In dieser Gegend, die einst der nördlichste Ausläufer der Bucht von Venedig war, ringen Erde und Meer noch um ihren Lebensraum. Wir wissen, was in vergangenen Zeiten passierte, wissen, was zur Zeit geschieht und wissen auch, daß in einer tausende von Jahren entfernten Zukunft die Erde die Überhand haben wird. Einerseits führen die Flüsse ständig neuen Boden zum Meer, andererseits befindet sich die italienische Halbinsel in einer langsamen, jedoch meßbaren Migration in Richtung der jugoslawischen Küsten. Das adriatische Meer wird verschwinden und an seiner Stelle wird sich eine fast unendliche Ebene ausstrecken, durch die majestätisch der Po fließen wird, um auf der Höhe der Halbinsel Gargano in das Meer zu münden.

In Erwartung dieses Ereignisses, das von den »DNA-Ketten« des Planeten Erde, der ja doch zu 75% aus Meer besteht, bereits vorprogrammiert ist, bereichert ein anderes Meer, anders als das historische und touristische von Venedig und als das ländlich-pastorale von Chioggia und des Po-Deltas, einen langen Streifen italienischer Küste. Gemeint ist die niedrig und sandige Küste der mythischen Riviera Romagnola.

Dann beginnt das Handbuch der dem europäischen Volk der Badelustigen bekannten Namen: Porto Corsini und Marina di Ravenna (ein Surrogat von bunten Umkleidekabinen und ansprechenden Pinienhainen des Portus Classis, des »Hafen der Flotte«, Erinnerung an das antike Rom), Milano Marittima (der Name allein ist schon ein Programm), Cervia, Cesenatico, Gattea Mare, Bellaria, Viserba, Rimini, Bellariva, Miramare, Riccione, Cattolica, Gabicce, Fiorenzuola di Focara, Pesaro, Fano, Senigallia, Falconara Marittima, Ancona.

Ist dieses wirklich das Meer? Sicherlich ja. Es ist ein Meer für Menschen, für Fischer aus antiker Tradition. Gerade weil die Adria, diese Wüste aus überschwemmten Sand, aus flachen und an Nahrung reichen Gewässern wesentlich reicher an Fischbestand ist als das Tyrrhenische Meer, das im Gegensatz ein Meer von unendlich tiefen Höhlen ist, dessen Grund mit spitzen, unregelmäßigen Klippen übersät ist und deshalb für Fischerei mit dem Grundschleppnetz ungeeignet ist.

Ein solches Meer beginnt auch sofort nach Ancona, in der Conero-Gegend, jedoch bricht es abrupt ab und gibt erneut einem unendlichen Strand den Weg frei, der sich längs der ganzen Küste der Provinzen Marche, Abruzzo und Apulien erstreckt, bis zum Vorgebirge des Gargano, der Sporen des italienischen Stiefels.

Trotzdem hielt die Geschichte doch in einem Punkt dieser monotonen Küste ein, und es wurde ein Hafen errichtet, der jedoch von der hier unaufhaltsamen in das Meer sinkenden Erde ausgelöscht und dann vergessen wurde. Zwischen Roseto degli Abruzzi und Pineto, in der Provinz von Teramo, ist der einsame

Links

Der Archipel von Maddalena, nördlich von Palau, gegenüber der Reede von Mezzo Schifo liegend, umfaßt einige der schönsten Inseln des Mittelmeeres.

Wachturm von Cerrano stehengeblieben, um die im tiefen grünen, undurchsichtigen, sandigen Wasser liegenden Strukturen eines Hafens zu signalisieren, der im Mittelalter recht blühend und aktiv war. Vor einigen Jahren wurde dieser Turm restauriert und als Laboratorium für biologische und ozeanografische Forschungen eingerichtet; wenig später wurde oben auf den Hügeln in San Atto ein wunderschönes Forschungsinstitut für hyperbarische Medizin eröffnet; dann begrub jedoch der Sand der sich gewandelten politischen Interessen all das.

Von Termoli, in der Region Molise, und auch von Manfredonia, Rodi Garganico, Peschici, Vieste, Ortona, setzten die Fähren zu den Inseln Tremiti über, die weniger als 12 Meilen von der Küste entfernt aus dem Meer emporsteigen und somit gegenüber von Torre Mileto liegen, einer Festung, die die rauhe Küste des Gargano zwischen den Seen Lesina und Varano unterbricht: San Domino, San Nicola und Caprara, mit dem Cretaccio und ein paar

Klippen, und die einsam liegende Insel Pianosa bilden in der Provinz Foggia eine Gemeinde für sich.

»Insulae Diomedeae« hießen sie in der Antike, aufgrund der homerischen Legende des Diomedes, der nach dem siegreich an der Seite von Odysseus und des Peliden Achilles geführten Krieges von Troia die Segel in Richtung seiner Heimatinsel Argos hißte, wo jedoch seine Frau Egialia ihn zu beseitigen versuchte. Mit einer Handvoll Gefolgsmannen fand Diomedes Zuflucht auf San Domino: Von hier zog er aus, um Brindisi, Canosa und Arpi zu gründen. Als er auf die Tremiti zurückkehrte und dort starb, verwandelte Aphrodite seine Begleiter in Vögel, um deren Schmerz zu lindern, die sogenannten Diomedeen, in der Prosa »procellarie« (Sturmvögel) genannt, geflügelte Klageweiber volljammerndem und herzzerreißendem Gesang.

Während Caprara unbewohnt geblieben ist und San Nicola nackt, sonnig und kahl die Überreste ihrer mittelalterlichen religiösen Gemeinschaft aufbewahrt, ist San Domino ein blühender Garten, der insbesondere im Süden von einem weiten Pinienhain bewachsen ist und überall von den duftenden Büschen der macchia mediterranea umgeben ist: Rosmarin, Fenchel, Mastixbaum, Zistrose. Aber die Weingärten sind verschwunden und die Obstbäume spärlicher geworden, mit Ausnahme einiger Zitrusbäume, Mandelbäume, Feigen, Pfirsichbäume und Kachi.

Diese Inseln sind dem durch den Bauboom herbeigeführten Verfall entgangen, der in anderen Gegenden große Teile der italienischen Küste völlig zerstört hat, und liegen weiterhin da, unangetastet, mit ihren Pinienwäldern, den weißen Stränden, den bunten Booten der Fischer, ihren blühenden Gärten, den arrogant emporsteigenden Klippen, den Unterwassergrotten, dem Gesang der Diomedeen. Die Aussicht von den Tremiti Richtung Süden trifft am Horizont auf die beeindruckenden Wände des Gargano-Sporen, der aus dem gleichen Fels der Inseln geschaffen ist, jedoch von dem grünen Schimmer der Foresta Umbar gekrönt wird. Die ganze Küste ist von riesigen Höhlen durchlöchert, die sich über der Meeresoberfläche öffnen. Das strahlende Weiß des Kalksteins ist von Klippen zernagt und von tiefen sandigen oder kiesigen Buchten eingekerbt.

Aus dem gleichen blendenden Fels ist die Klippe »Faraglione di Pizzomunno« (ein Earth's End, ein Finis terrae in apulischem Dialekt), die sich 26 m über die Meeresoberfläche erhebt. Erst auf dem Vorgebirge Testa del Gargano trifft man dann wieder auf Wald.

Rund um diese Landzunge stehen die Wachtürme. Einiges können sie von dem harten Leben der Leute hier erzählen, die lange Jahrhunderte den Raubzügen der Piraten ausgesetzt waren: Der erste Turm östlich von Rodi ist der »Torre di Monte Pucci«; wenn man die Halbinsel bis Manfredonia umfährt, trifft man hintereinander auf die Türme von Gusmai, Spinale, Chianca, Porticello, Molinello, Ponte, Portogreco, Proposti, Quitadamo, Porto Varcaro.

Die ganze Küste von Apulien bis Capo d'Otranto, wo die Gewässer der Adria ihre Farbe wechseln und zum Ionischen Meer werden, weist analoge Charaktere auf: einen stetigen Wechsel zwischen Sand und Fels, zwischen feinem Kies und Kalkgestein. Am Absatz Italiens, dann am Fuße der Murge salentine, die bis in das Indigoblau, in das Schwarzblau der Tiefen des Ionischen Meeres stürzen, beginnt erneut das atemberaubende Schauspiel der Schönheiten der italienischen Meereslandschaft. Hier findet der unterentwickelte Mezzogiorno, der von der zentralen Regierung vernachlässigte Süden Italiens, zu der Reinheit seiner Vergangenheit zurück und spielt seine Rolle des Beschützers einer unangetasteten Natur gerade dank dieser administrativen Vernachlässigung. Die Bahn, wichtigstes öffentliches Verkehrsmittel, gelangt bis nach Taranto, strategisch bedeutsamer Militärstützpunkt, hält in Presicce und in Gagliano del Capo und kehrt dann Richtung Norden bis Lecce zurück. Entfernt von einem anderen finis terrae, das von Punta Ristola und Capo Santa Maria die Leuca, wo die geografische und politische Landkarte Italiens endet, enden auch die wichtigsten Verbindungsstraßen und beginnen die auf den Karten in gelb und nicht mehr in rot gekennzeichneten Nebenstraßen. Von hier aus verbinden hundert Straßen und Nebenwege wie trockene Rinnsale aus Schotter untereinander Dörfer, Siedlungen und kleine Gruppen zusammenstehender Häuser, laufen alle in einer Art von Trichter zusammen und laufen von diesem alle Richtung Santa Maria di Leuca aus; dort kommen die Straßen von Gallipoli und von Otranto an, die von Presicce und von Tricase, von Patu und Castrignano del Capo. Und von hier kann man das Ende der italienischen Halbinsel erreichen, den Absatz des Stiefels, die Halbinsel Promontorium lapigyum oder Sallentinum, eine Gegend absoluter Einsamkeit, die beängstigend wirken würde, wenn sie nicht eine unglaubliche Empfindung wachsender Freiheit vermitteln würde, wenn man Schritt für Schritt dem Zusammenfluß der zwei Meere näher kommt. Es sind fast 17 km eines Schauspieles umwerfender Schönheit: Dieser schwammartige Fels, grau, schwarz, das kobaltfarbene Meer und im Winter der absurde Kontrast zu den Palmen und den indischen Feigen, zwischen deren Kakteenblätter in der Ferne die schneebedeckten Berge Albaniens schimmern. Noch schöner ist es, diesen Abschnitt der Küste mit dem Boot zu umfahren, so daß man nicht nur Zugang zu den unendlich vielen Grotten hat, sondern auch die Terrasse des Leuchtturmes von Leuca erreichen kann, nach einem Aufstieg über eine Wendeltreppe mit 254 Stufen. Bei klarer Sicht kann von dort aus der Blick bis zum Hinterland des Salentino reichen, bis zur rocca di Montesardo, bis zu den Bergen Calabriens, bis zum verschwommenen Umriß der griechischen Insel Korfu.

Nach »Punta Ristola« öffnet sich der Golf von Taranto. Unmittelbar nach dem schönen Ort Gallipoli liegt der Küstenabschnitt zwischen den Türmen von Sabea und Uluzzo. Auch hier wieder das Abwechseln von flachen und felsigen Landschaften und plötzlich aufsteigenden Landzungen, Buchten, Klippen und Inseln. Ebenso zeigt sich der folgende Abschnitt zwischen Punta Prosciutto und Porto Cesareo, und dann der zwischen Capo San Vito und Torre Colimena: Flache Felsen, emporsteigende Klippen, Dünen, von Pinien und Oleandern bedeckte Hügel, Feigenkakteen, Palmenhaine und Schilf, des öfteren von einem blühenden Scirocco erstickt, oft von frischen Windböen belebt, die den schrecklichen Sommer nur kurz verdrängen.

Das Wasser der Bucht von Taranto grenzt noch an viele weitere Gegenden beeindruckender Schönheit, bis zu dem kurzen Abschnitt der Grenze mit der Region Basilicata, dort wo die Ruinen von Metapontum liegen und die ionische Küste beginnt. Sie erstreckt sich im Territorium von Matera Richtung Policoro, von den Betten der Flüsse Agri und Sinni begrenzt und bildet ein Gefüge

von flachen Küstenbereichen und vom Meer und den Flüssen geformten Terrassen. Sie sind mit einem Ring von Dünen umschlossen, in deren Täler sich Teiche gebildet haben, von Weiden und Schilf umrahmt, die sich im Laufe der Zeit an den Sand und das Meer gewöhnt haben.

Nach der zweiten Grenze dieser Region, die mit Calabrien, wird die Meereslandschaft wieder von dem Grün der Gebirgsketten Sila, Greca und Grande bestimmt, die der ganzen Gegend der italienischen Stiefelspitze, zusammen mit der Sila Piccola, den Serre und dem Aspromonte, diesen einzigartigen Charakter verleihen. Diese Gegend erscheint wie ein Garten, oftmals wie ein Wald, der auf zwei Meere hinabblickt, zwei Meere in denen sich unangetastete Fragmente einer noch nicht von Menschen bewohnten Welt spiegeln.

Calabrien und ihre Meere sind ein Handbuch ohne Ende schöner Orte: bekannt und gepriesen für die Schönheit der Natur, für ihre uralte Geschichte, für Episoden aus Kriegszeiten, heute für die Abwesenheit des Staates die dem organisierten Verbrechen freie Hand läßt. Durch Erpressung verdientes Geld wird in Rauschgift investiert und in wilde Bauspekulationen, die täglich dieser einzigartigen und unglücklichen Erde erneut blutige Wunden schlagen.

Es folgen Sybaris, die nur steinige Ruinen seiner tausendjährigen Glanzperiode hinterlassen hat, um dann unter dem gleichen Namen, jedoch als bescheidenes Dorf, wieder aufzustehen, dann ihre Rivalen Crotone in der Magna Graecia und Capo Colonne, wo nur noch eine der Säulen, die diesem Kap den Namen gibt, vom Erdboden emporragt.

Wir folgen der Küste weiter nach Süden, Richtung Punta Stilo, wo im Zweiten Weltkrieg die Royal Navy der italienischen Regia Marina eine harte Niederlage zufügte, weiter nach Ardore, Siderno, bis Capo Spartivento, bis wir schließlich mit Reggio die Einfahrt zum Stretto di Messina erreichen. Hier ist das Meer für einen Augenblick weder das Ionische, noch das Tyrrhenische, sondern ein Stück Atlantischer Ozean, der mit der Kraft seiner fast flußähnlichen Strömungen in das Mittelmeer gedrungen ist, begleitet von Thunfischschwärmen, Haifischen, Schwertfischen, inmitten eines Waldes von Tangblättern.

Den Spuren dieses Tanges folgend, erreichen wir Ustica. Bei einer Reise um Italien längs der Küsten sind natürlich die Äolischen (oder Liparischen) Inseln eine obligatorische Etappe. Stromboli ist die südlichst gelegene dieser Inseln und damit die erste, auf die wir längs unserer Route stoßen. Sie ist der einzige Vulkan der Erde, der stets aktiv war und es auch heutzutage noch ist: Aus den zwei Kratern, sie eröffnen sich 200 m unterhalb des Gipfels Vancori (Höhe 924 m), ergießt sich die Lava mit unbeständigem Fluß in eine weite Mulde. Von dort wird sie weitergeleitet zur Sciara del Fuoco, von den Klippen Filo del Fuoco und Filo di Baraona eingegrenzt. Die andere Seite der Insel, also der südwestliche Teil, ist ungefährdet zu bewohnen. Der unverkennbare Umriß dieses »Kreises«, wie ihn schon die Griechen nannten, ein schulmäßiges, gleichschenkeliges Dreieck, erscheint stets gleich, von welcher Seite aus man ihm auch näherkommen möge. Stromboli wird mit wenig Respekt der »Auspuff des Mittelmeeres« genannt, diese Insel ist jedoch auch der schönste natürliche Leuchtturm, den man sich vorstellen kann: Nach Sonnenuntergang, aber hauptsächlich in den dunkleren Nächten, bietet er ein phantasmagorisches Schauspiel gen Himmel geschleuderter Lichtbündel, als wollten sie das unsichtbare Gewölbe des Himmels erforschen, Bengalafeuer, Raketen wie am letzten Tag des neapolitanischen Jahres; und die glühende Lava rinnt über unsichtbare Wände und zeigt sich als züngelnde Feuerzungen, die das Nichts belecken; aus den Kratern schießen rote Kugeln empor, die sich fächerartig öffnen und in einen Regen winziger verglühender Kohlen pulverisiert werden. Das Meer, wie ein schwarzer Spiegel, führt dem Seefahrer das Spiegelbild der Hölle vor Augen. Tagsüber, hauptsächlich im Sommer, bilden sich im Grau der Wände dieses Vulkans rote Streifen, orangefarbene und gelbe, und das Wasser des Meeres prasselt wie eine Pfanne voll Öl: Das Wasser kühlt die Lava ab, erstarrt sie und sammelt sie unter seiner Oberfläche an.

Weniger als eine Meile nordöstlich von Punta Lena steigt die basaltische Insel Strombolicchio aus dem Meer empor, wie eine mit Zinnen geschmückte, mittelalterliche Burg. Von der anderen Seite des Stromboli kann man die weiteren Inseln des Archipels

Seite 24

In sonnigen Sommertagen blendet das schneeweise Sandgestein von Capo Bianco auf der Insel Ponza fast die Augen.

Seite 25

Die zerklüfteten Küsten der Insel Lampedusa erheben sich aus dem Meer, das hier besonders fischreich ist.

erkennen: Basiluzzo, ganz aus eruptivem, glasartigem Gestein, wo der Strand einer kleinen, von Felsen überragten Bucht den einzigen Anlegeplatz bietet. Die Einwohner, ihrer einer Handvoll, verfügen über einen kleinen Flecken Erde (ca. 1/2 Quadratkilometer), dem sie ein wenig Getreide abgewinnen können; überall wächst dagegen wild der Rosmarin, Mastixbaum, Wolfsmilch, Beifuß. Längs der von uns gewählten Route stoßen wir nun auf Panarea, von elliptischer Form, steil von nackten und trockenen Spalten gezeichnet; hier sehen wir Basiluzzo, die Klippen von Dattilo (Finger, auf griechisch), Lisca Bianca, Lisca Nera, Bottaro, Panarelli und Formiche, wahrscheinlich die Überreste eines sehr alten und großen Vulkanes, den das Meer zerschlagen hat. Sowohl Panarea, als auch die folgenden Inseln Salina, Lipari (die dem Archipel einen seiner zwei Namen gibt) und Vulcano sind das unbezwingbare Reich eines Massentourismus, daß sie im Hochsommer zu Zweigniederlassungen der »Tanzstrände« der Riviera Romagnola macht. Etwas weniger überlaufen sind die zwei letzten Inseln, die etwas Richtung Westen liegen: Erst Filicudi und dann Alicudi. Jedoch nichts und niemandem ist es gelungen, die unglaubliche Schönheit dieser Orte zu löschen: Das Belvedere di Quattrocchi, auf Lipari, von dem man eine unvergleichbare Aussicht auf das Archipel genießen kann, und in besonders klaren Tagen, sogar auf den Etna; die Rauchsäulen und die eigenartigen geologischen Phänomene von Vulcano, das eingehende Schwarz von Alicudi, auf dem sich die leuchtend grünen Olivenbäume abheben, die Kapernbüsche, Schilfrohre und Kakteen.

Von diesen Inseln kamen voraussichtlich im Neolitikum die Menschen, die Ustica kolonisierten, 36 Meilen vor Palermo, auch sie ein geologisches Relikt eines in seiner Struktur dessen der Äolischen Inseln ähnlichen vulkanischen Systems, jedoch mit so manchen gut bebauten Plateaus: Trauben, Getreide, Obst und Gemüse wachsen hier. Die Wände dieser Insel sind von unendlich vielen Grotten durchbohrt: Die Grotte des blauen Wassers, »Azzurra« genannt, die »Pastizza«, die von »Blasi« (oder »der Barken«), die Grotte »Segreta« (die Geheimnisvolle), die Grotte des »Tuono« (Donner), die »spaccazza« (große Spalte) von Punta San Paolo. Giovanni Omiccioli signierte mit diesen Versen eines seiner Fresken auf der Wand eines Wohnhauses: »Ustica mit ihren abweisenen Felsen . . ./nicht Hände des Menschen sind es, sondern einer glühenden Vergangenheit/und wo flüsternd geschriene Worte unendlich sind und/ihre Echo Musik —«.

Von Ustica kann man bis zu den Ägadischen Inseln fahren, ohne das große Sizilien zu berühren. Levanzo, Favignana und Marettimo erheben sich vor Trapani aus dem Meer, von der Natur in eines der phantastischsten Szenarien dieser italienischen Meere gesetzt. So würde man vor Capo San Vito vorbeikommen, von dessen Spitze der Blick bis zum Golfo di Castellammare Richtung Osten schweifen kann und auf den Golfo di Cofano südwestlich; vorbei an der felsigen Küste, hier ist es Kalkgestein des Mesozoikum, nach einem kurzen Ausblick auf das größte Städtchen dieser Insel, führt die Fahrt nach Levanzo, eine karge und gelbfarbene Insel. Hier muß man wenigstens bis zu den Knien ins Wasser steigen, um in die Grotta del Genovese zu gelangen, eine immense und dunkle Höhle, deren Wände aus Tuffstein mit Gravierungen und Malerein des Paleolitikum und des Neolitikum geschmückt sind. Zahlreiche Dekorationen, wenn auch von geringerer Aussagekraft, Pfeilspitzen, Lanzen und Schaber aus Kieselstein können auch in anderen Grotten gefunden werden: »Pecora« (Schaf), Ucceria, Canalozzo (großer Kanal), Minguddi, Giunta oder auf Favignana, die größere der Inseln, auch sie kahl an Bäumen, mit den üblichen vielen dem Meere geöffneten Höhlen und auch Stollen, unterirdische Gänge, geheimnisvolle, vom Menschen bis in das Innere der Insel getriebene Wege, alte dem Baugewerbe dienende und jetzt verlassene Tuffsteinbrüche, in denen sich die von den Bewohnern des Festlandes so gerne gejagten Kaninchen eingenistet haben.

20 Meilen von Trapani entfernt erleuchtet die Schönheit von Marettimo, die bergigere, die grünere, die an Quellen reichere, die weniger berührte, die reinere, die wildere. Bevor man wieder auf das offene Meer zurückfährt, lohnt es sich zur sizilianischen Küste zurückzukehren, um eine andere Besonderheit des Meeres kennenzulernen: die Inseln des Stagnone (großer Weiher), die niedrig und flach in einem wenig tiefen Wasser liegen und mit der Isola Grande ein Becken formen, fast eine Lagune, in dessen Inneren die Inseln Santa Maria und San Pantaleo geborgen sind. Auf dieser letzteren, 8 km nördlich von Marsala, stehen die trostlosen Überreste von Mozia, vor 2000 Jahren noch eine blühende punische Stadt. Bewundernswert ist die Beschaffenheit der eindruckvollen »saline« (Salinen) auf der Isola Grande.

Und ohne das sizilianische Hinterland zu erkundschaften, unglaublich ist dessen unentwirrbare Vielfalt, setzen wir diese imaginäre Umschiffung der Küsten und faszinierensten Inseln der italienischen Meere fort und steuern Pantelleria und die Pelagie-Inseln an, die schon auf einem Meeresboden ruhen, der nicht mehr Europa sondern Afrika zugehörig ist.

Der Größe nach ist Pantelleria die vierte Insel Italiens. Ein vulkanischer Block von 83 Quadratkilometern Fläche, 54 Meilen vor Capo Granitola und 37 Meilen vor dem tunesischen Ras Mustafa gelegen, der wohl weder Lava noch Lapillen eruptiert, jedoch noch von innerem Feuer lebt: Öfen, Kessel, Eschen spucken Strahlen kochenden Wassers in den Himmel, stoßen graue Dämpfe aus, Gase schwerer als die Luft, die in der Tiefe der Höhlen stehenbleiben, in einer Landschaft gruseliger Schönheit aus Obsidian, Bimsstein, Balsalt, Pantelleriten, Trakyt.

Mürrisch weist Pantelleria jeden Strände und »leichtfertige« Natur suchenden Touristen zurück. Sie ist eine beängstigende und dramatische Insel, von krassen Farben, Mondlandschaften, steil abfallenden Küsten. Vielleicht kann ihr Umriß mit einem unzerstörbaren Geländefahrzeug befahren werden, ab von der Panoramastraße, die etwas im Landesinneren aufgrund militärischer Bedürfnisse verläuft. Eigentlich läßt sich die Insel nur bewundern, wenn man sie mit einem Boot umfährt, und das auf einem sich oft stürmisch und schäumend zeigenden Meer. Nur dem Meer zeigen sich auch Cala Cinque Denti (Bucht der fünf Zähne), gruselig und schwarz von Lava umrandet, die basaltischen Grotten von Cala Gadir, die Cala die Tramontana, das Gewölbe von Punta dell'Arco (Spitze des Bogens), die stürmische Punta della Croce (Spitze des Kreuzes). Von der Montagna Grande aus ist in der Entfernung Siziliens sichtbar und näher gelegen Tunesien.

Fahren wir in unserer Schiffahrt fort, immer weiter nach Süden, und sichten jetzt die Pelagie-Inseln: Erst Linosa, schwarz wie eine kleine Pantelleria, dann ca. 23 Meilen südwestlich die kalksteinerne Lampedusa, in einigen Bereichen unzugänglich, in anderen zu Stränden sanft abfallend, zu Buchten und wunderschönen Grotten; und zuletzt Lamione, eine große Klippe, 250 m lang, 36 m hoch, ca. 9 Meilen von der Mutterinsel entfernt. Und dies ist dann wirklich das letzte Stück Italien inmitten des Mittelmeeres.

Hier bleibt uns nichts anderes übrig, als unseren Bug Richtung Norden zu richten und Sizilien anzusteuern, die größte und bewohnteste Insel dieses Meeres. Siziliens Küsten werden im Norden vom Tyrrhenischen Meer bespült, vom Ionischen Meer im Osten, vom Mare die Sicilia (oder Afrikanisches Meer) südwestlich; die nördliche Küste ist artikulierter, mit den Buchten von Milazzo, Patti, Termini Imerese, Palermo und Castellammare; die südliche ist dagegen in einigen Abschnitten zerklüftet und hoch, in anderen gleichmäßig und niedrig, mit bemerkenswerten Buchten nur im südlicheren Teil: Die Buchten von Augusta, Santa Panagia, Siracusa, Golfo die Noto. Dieser Teil Siziliens ist eindeutig von der mächtigen Gestalt des Etna dominiert, der mit seinen 3263 Metern Höhe sowohl der höchste Berg der Insel als auch der bedeutenste aktive Vulkan Europas ist.

Aufgrund der Vielfalt seiner Landschaften, kann die Insel Sizilien als ein Kontinent in Miniatur betrachtet werden, was sie in Wahrheit auch ist, als Verbindungselement zwischen Europa und Afrika, als eine Brücke zwischen zwei Kontinenten, deren vielfältige Landschaften unlöschbar die Spuren menschlicher Eingriffe tragen. Man kann Sizilien nicht nur als Erde betrachten, als ein Fragment unseres Planetens: Man muß ihre Geschichte kennen, ihre Legenden, ihre Mythen, Bräuche, Gewohnheiten, die ihr zusammen das Gesicht geben, das sie zeigt. Sizilien darf nicht einfach »gesehen« sein, sie muß unbedingt auch »interpretiert« werden.

Nur 1500 Quadratkilometer kleiner, jedoch wesentlich geringer bevölkert (1,5 Millionen Bewohner gegen die 5 Millionen von Sizilien), ist Sardinien die zweitgrößte Insel Italiens, mit Landschaften, Formen, Geologie, die keineswegs an Sizilien erinnern. Ihre Küsten werden im Westen vom Tyrrhenischen Meer bespült, vom Mar di Sardegna im Westen und Norden, vom Canale di Sardegna im Süden. In Norden und Nordosten sind die Küsten Sardiniens hoch, felsig und äußerst zerklüftet: Hier öffnen sich die weiten Buchten der Golfe von Palmas, Oristano, Alghero, Asinara, und im Osten von Arzachena, Congianus, Olbia, Orosei und Tortoli und schließlich im Süden der große Golfo di Cagliari.

Inseln geringerer Bedeutung granitischen Ursprunges breiten sich vor der nordöstlichen Küste aus, ihrerseits wieder von Klippen und Untiefen umgeben, und bilden ein Archipel, das nach seiner größeren Insel La Maddalena genannt wird. Hier liegen die Inseln Caprera, letztes Exil des von Vittorio Emanuele II enttäuschten Guiseppe Garibaldi, Santo Stefano, Spargi, Budelli, Razzoli, Santa Maria. Dieses kleine Archipel ist wahrscheinlich eine der schönsten Gegenden der Welt: Sobald man in Sicht des nordöstlichen Hanges von Budelli gelangt, mit ihren strahlend weißen Stränden, erweicht die unangetastete und perfekte Schönheit dieser Natur auch das verhärmteste Herz: Im Meer und über dem Wasser triumphiert diese intakte Natur in einer Orgie von Farben. Hinter einer kurzen Landzunge, die vor dem offenen Meer schützt, öffnet sich eine Bucht, das Kleinod dieses Archipels. Mit ihrer »Spiaggia Rosa« (»Rosa Strand«), von zwei Kulissen aus Fels umfaßt, mit dieser unglaublichen Farbe der Wasserlinie: rosa, von weiten rosa-lila schimmernd, beim Näherkommen Schritt für Schritt zarter scheinend. Ein Phänomen, daß vielleicht auf die Zerbröckelung des umliegenden Granitgesteines zurückzuführen ist, den die Brandung säubert, glättet, mit in tieferen Gewässern gemalten Korallenfragmenten vermischt und dem Ufer zurückführt. Weitere zweitrangige Inseln liegen längs der Küste von Sardinien: Die Insel von Asinara an der äußersten Spitze nordwestlich, die großen Inseln San Pietro und Sant'Antioco ganz nahe der südwestlichen Küste.

Kehren wir zum italienischen Kontinent zurück. Auf der Seite des Tyrrhenischen Meeres wird das Handbuch der Inseln durch die längs der Westküste des Bel Paese ihren unverkennbaren Zauber ausstrahlenden Inseln vervollständigt. Die südlichste ist auch die absolut bekannteste: Capri. Nur durch einen kurzen Meeresarm von Punta Campanella getrennt, ist sie die heute einzige jungfernhaft unberührte Gegend der sorrentinischen Halbinsel. Obwohl sich seit über einem Jahrhundert ihre Wirtschaft fast nur auf den Tourismus gründet, ist es Capri gelungen, den uralten Charme ihrer unvergleichlichen Natur intakt zu erhalten. Jedes ihrer Panoramen ist eine einzigartige Postkarte.

Der südliche Teil der Isola delle Sirene (Sireneninsel) zeigt sich dem weiten Golf von Salerno durch die Punta della Campanella und ihre steil in das Meer abfallenden Wände der Monti Lattari. Dem Meer entlang reiht sich eine Kette der Perlen des Tourismus und der internationalen Kultur: Die Inselchen von Li Galli, Positano, Amalfi reich an mittelalterlichem Ruhm aufgrund ihrer Geschichte als »Repubblica marinara« (Hansestadt) und Ravello, weit oben, aber noch dem Golf zugewandt, Maiori, Minori, Vietri; dann die weite und flache Ebene »Piana del Sele« bis zu dem anderen Arm des Golfes, wo Agropoli und Santa Maria di Castellabate liegen, noch vor dem äußersten Ende von Punta Licosa. Von dort bis zur Grenze zwischen Campanien und Basilicata, dicht an dicht eine Reihe von Ortschaften am Meer: Acciaroli, Asceo, Pisciotta, Capo Palinuro, Marina di Camerota. Der kurze Trakt der lukanischen Küste bietet der Bewunderung des Reisenden die unglaubliche Schönheit Marateas dar: Sofort beginnt danach der unendlich lange Strand Calabriens, von Praia a Mare bis zum Stretto di Messina, im Rücken von den längs der Küste laufenden Appenninen geschützt, von der Einbuchtung des Golfo di Sant'Eufemia, der Nase des Capo Vaticano und vom Golfo die Gioia unterbrochen. Ein Itinerarium gespickt mit bekannten Ortschaften, wo antikes Handwerk intensivst betrieben wird, vom Fischfang gelebt wird und ein ewiger Kampf zwischen der Menschheit und einer ebenso geizig wie fabelhaften Natur ausgefochten wird.

Seite 26

Hauptsächlich aus dolomitischen Fels bestehend, ist die amalfitanische Küste eine Abwechslung zwischen steil vom Meer aufragenden rauhen Klippen, kleinen Buchten und üppig bewachsenen Landzungen.

Die große Insel der Wildnis

● *Seite 28*

Dem vom Meer aus ankommenden Reisenden erscheinen die Küsten Sardiniens in ihrer ganzen wilden Schönheit, die auf dem Zusammenspiel kräftiger und kontrastierender Farben beruht, auf einer ungewöhnlichen und unendlichen Vielfalt an Formen, auf dem starken Duft von Zystrose, Myrte und Mastix.

● *Seite 29*

In der Gegend von Stintino nimmt das Meer unglaubliche chromatische Schattierungen an, die von Türkis bis zu tiefem Blau reichen.

★ *Seite 30/31*

Die düstere Atmosphäre eines Sturmes bedrückt Capo San Marco, äußerste Spitze der Sinis.

★ *Seite 32/33*

Die wilde und unkontrollierbare Gewalt der Wellen unterstreicht die Schönheit der Natur auf der Sinis Halbinsel, ein Streifen Erde zwischen dem offenen Meer und dem Teich von Cabras, längs der Westküste von Sardinien.

AYCA

Die Dünen von Piscinas, in der Nähe von Ingurtosu, stellen eine für die italienischen Strände unübliche Landschaft dar: Eine schier unendliche Reihe sandiger Täler verfolgen sich in ihrem Lauf in Richtung des Meeres. Vom Winde verweht dringt der äußerst fein gemahlene Sand zwischen die niedrige Vegetation ein, die fast so als wolle sie die Bewegung der Wellen nachahmen, sich wie diese an der Oberfläche des Meeres kräuseln.

Im Norden Sardiniens gelegen, ist Capo Testa aus ökologischen Gesichtspunkten eine der interessantesten Gegenden der Insel. Noch von dem saisonbedingten Angriff der Touristen verschont, hat das Meer hier seine einzigartige kristallklare Transparenz erhalten, so daß die Felsen in ihm ihre unendliche Vielfalt an Formen und Farben spiegeln können.

Das hellblaue Archipel

Seite 38/39

Mit dem Wechsel des Lichtes und der atmosphärischen Bedingungen verändert sich auch das Aussehen des Meeres und der Küsten am Maddalena Archipel im Norden von Sardinien.

Seite 40/41

Die chiesa della Madonnetta dei pescatori (Kirche der kleinen Madonna der Fischer) wurde auf der Maddalena-Insel steil über dem Meer aufragend gebaut.

Seite 42/43

Ein Panorama der nördlichen Küste der Maddalena-Insel.

Das Archipel der Maddalena umfaßt eine Gesamtfläche von 43 Quadratkilometern und besteht aus 7 Hauptinseln: Maddalena, Caprera und Santo Stefano südöstlich, Spargi, Budelli, Santa Maria und Razzoli nordwestlich. Die Insel von Maddalena ist die größte ihres Archipels und auch die einzige mit einer Ansiedlung.

Seite 44/45

Die Insel von Budelli erstreckt sich auf einer Fläche von gerade 1,6 Quadratkilometern. Von Razzoli und Santa Maria durch den Passo Chiecco di Morto getrennt, ergibt der Umfang ihrer Küste nicht ganz 10 km, dafür entschädigt sie aber mit dem berühmten Strand »Spiaggia Rosa«, der ohne Zweifel einer der eindrucksvollsten Strände des ganzen Landes ist.

Die Inseln des Toscana-Archipels

Rechts

Aus Kalk und Tuffstein gebildet, mit einer mittleren Höhe von 20 m, zeigt sich Pianosa als Streifen flacher Erde, wild und äußerst arm an Vegetation. Als Sitz einer Justizvollzugsanstalt ist sie dem Tourismus nicht geöffnet.

Unten

Die Insel Giannutri, die südlichste der Inseln des Toscana-Archipels, ist mit Ausnahme der 5 m breiten Strandlinie staatlichen Besitzes vollständig in Privathand. Regelmäßig fahren von hier die aliscafi nach Porto Santo Stefano.

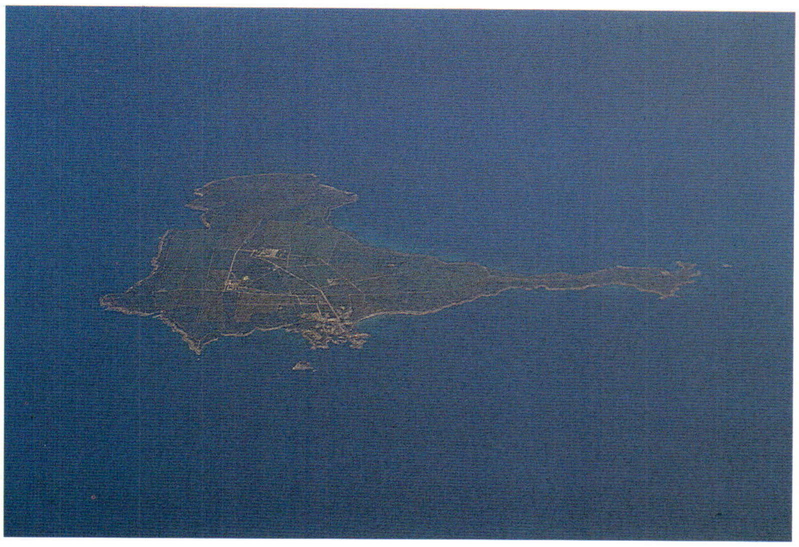

Seite 48/49

Von oben gesehen erscheint Montecristo als massiver Granitblock. 1971 wurde die Insel zum Naturschutzgebiet erklärt und beherbergt heute nur Verwalter und Förster sowie eine prachtvolle Villa, einst Besitz von Vittorio Emanuele III.

Seite 50/51

Die Insel Elba, heute beliebtes Ziel unzähliger Touristen, ist reich an Geschichte, deren Andenken sie schützend bewahrt.

Seite 52/53

Dicht bewachsen von Steineichen, Pinien und Olivenbäumen ist Gorgona, vielleicht eine der eindrucksvollsten Inseln des Toscana-Archipels. Leider hat man auch hier ein Gefängnis darauf gesetzt, so daß ohne Genehmigung durch das italienische Ministerium für Justiz kein freier Zutritt gewährt wird.

Die roten Klippen von Capraia

Erst vor kurzem wurde die Justizvollzugsanstalt auf Capraia geschlossen, so daß sich die Insel jetzt, als Naturpark geschützt, unglaublich wild und unangetastet dem Besucher zeigt.

Seite 54 oben

Die ungefähr 300 Bewohner von Capraia sind größtenteils im Fischfang und Handel tätig.

Seite 54 rechts

Im Grenzbereich zwischen dem Tyrrhenischen und Ligurischen Meer gelegen, erreicht die Insel Capraia eine Fläche von ca. 20 Quadratkilometern und ist damit die drittgrößte Insel des Arcipelago Toscano.

Seite 56/57

Capraia gilt als Paradies für eine Vielzahl von Meeresvögeln, wie zum Beispiel der Korsischen Möwe.

Seite 58/59

Die zerklüfteten Küsten und Felsen deuten auf starke geologische Verschiebungen hin und erinnern eindrucksvoll an den vulkanischen Ursprung der Insel.

Seite 60/61

Garigue, typisch mediterrane Sträucher, beleben mit ihren Farben das Rot der Trakytbasalte in der Cala Rossa.

Die Bianche Pontine

Das Archipel der Pontine-Inseln besteht aus Ponza, Gavi, Zannone, Palmarola, Santo Stefano und Ventotene. Ihr vulkanischer Ursprung ist eindeutig auf den weißen Felsen lesbar, die in einem einzigartigen Kontrast schroff aus dem Meer emporsteigen.

Seite 62/63

Auf Ponza, in der Bucht Chiaia di Luna, erreicht das Kliff eine Höhe von über hundert Metern.

Seite 64/65

Das große Kliff von Punta Capo Bianco auf der Insel Ponza, nördlich von Chiaia di Luna, trägt deutliche Zeichen von Erosion durch Wind und Meer.

Seite 66/67

Luftansicht der Insel von Palmarola, die nördlichste der Pontine-Inseln. Von vulkanischer Herkunft wie die anderen der Gruppe, hat auch sie eine äußerst zerklüftete Küste von einzigartiger Schönheit: Die Faraglioni di Mezzogiorno (Mittagsklippen) und die Cattedrali.

Erde — vom Feuer geboren

● *Oben*

Einst von der Urbevölkerung dem Gott Hephästus gewidmet, ist Vulcano die südlichste der Äolischen Inseln. Besonders schön sind ihre schwarzen Klippen und ihre Strände mit feinstem vulkanischen Sand. Der letzte Zeitpunkt ihrer vulkanischen Tätigkeit war vor genau 100 Jahren, im März 1890.

■ *Rechts*

Die Klippen von Pollara beweisen eindeutig den vulkanischen Ursprung von Salina.

★ *Seite 69 oben links*

Alicudi, in der Antike Ericusa genannt, verdankt ihren Namen der dichten Bewachsung mit Erika-Sträuchern, die im Frühjahr ihre herben Hänge bedecken. Im Westen ist diese Insel unbewohnt, im Osten dagegen besiedelt und fruchtbar bebaut.

■ *Seite 69 oben rechts*

Die Siedlung von Pollara wurde auf der Sohle der Überreste eines weiten halbkreisförmigen Kraters gegründet, der sich vor ca. 13 000 Jahren im östlichen Teil der Insel von Salina gebildet hatte.

Der Leuchtturm des Tyrrhenischen Meeres

Der Stromboli steigt aus den Tiefen des Tyrrhenischen Meeres empor und erhebt sich auf 920 m über den Meeresspiegel. 200 m unterhalb seines Gipfels, Serra Vancura genannt, öffnet sich der zur Zeit noch aktive Krater. Die Lavaströme fließen längs der Sciara del Fuoco ab und erreichen so das löschende Meereswasser: Immer wieder ein Schauspiel von unglaublichem Eindruck.

Die letzten Grenzen

● *Seite 74*

Die Insel Lampedusa, vertrocknet und flach, ist der letzte Erdfleck Italiens im Süden und umfaßt eine Fläche von ca. 20 Quadratkilometern. Ihre hohen und äußerst zerklüfteten Küsten steigen aus einem Meer intensiver Farben empor.

■ *Seite 75*

Der vulkanische Ursprung von Linosa geht eindeutig aus der Beschaffenheit der Lavafelsen von Cala Luna hervor, die senkrecht in das Meer stürzen.

■ *Seite 76/77*

Der Mangel an Quellen mit frischem Wasser und die hohe Temperatur, im Sommer auf Linosa oft über 40 Grad Celsius, schaffen äußerst schwierige Bedingungen für jedes Wachstum, so daß hier die Vegetation hauptsächlich aus Kakteen und macchia mediterranea besteht.

Oben

Ein großer Teil des Lebens spielt sich bei den Bewohnern des Po-Deltas auf dem Wasser ab.

Links

Ein Fischerboot läuft im Hafen ein, gefolgt von einem Schwarm Möwen und Seevögeln.

Links

Für die Fischer stellen die Netze das wichtigste Instrument ihrer Arbeit dar, deshalb widmen sie ihnen viel Zeit und besondere Pflege.

Menschen am Rande des Wassers

Die Einwohner sind mutige Seefahrer, unermüdlich, stolz auf ihren Beruf als Fischer, gewandte Seefahrer und gute Kenner der Wellen und Strömungen. Sie sehen energisch aus und ihre Gestalten, von den Anstrengungen am Ruder und an den Netzen geformt, sind vom salzhaltigen Wind verbrannt.

Auf hoher See vor Pesaro, einer ruhigen Stadt der Region Marche, wird von einer großen Yachtwerft eine regelrechte Weltmeisterschaft im Haifischfang organisiert. Hunderte von langen und schmalen Blauhaien, »Prionace glauca« ist ihr wissenschaftlicher Name, enden am Haken von den Sportlern des Garnes. Fast wirkt das Spektakel wie eine Zeremonie, ein wenig mysteriös, reserviert. Die Ruhe der Azienda del Turismo und der Hoteliers der Riviera darf nicht gestört werden, denn sie fürchten natürlich, daß ihre Kunden von einer Saison zur anderen ausblieben, falls sie erfahren, daß in der Adria eine so große Anzahl von »Haien« lebt. Die Leute meinen, Haie gibt es nur in der Südsee, sie können sich nicht vorstellen, daß sie auch in der Adria verbreitet sind. Sie leben von den üppigen Beständen an »pesce azzurro«, einem Sammelbegriff für Sardinen, Sardellen und Makrelen. Die »Carcharodon carcharias« und »Morte bianca« (Weißer Tod) genannten Haifische folgen nach den oft tödlich ausgehenden Liebesanstrengungen in den warmen Gewässern der Egädischen und Äolischen Inseln, westlich und nördlich von Sizilien, bis hier oben den Schwärmen der Thunfische, die den »mattanze« (dem Thunfischfang) des südlichen Tyrheno entkommen sind und sich hier im Norden ebenfalls mit dem »pesce azzurro« vollfressen.

Fast alle Jahre gerät auch ein großer weißer Hai in die Falle der tonnara von Favignana. Das beeindruckende Monster, fähig einen Fischer ganz zu verschlucken, ist ein schwacher Kämpfer, der sehr schnell erstickt, sobald der dichtgewebte Netzboden in der Todeskammer von den Männern hochgezogen wird. Die Beute ist eine Ladung Thunfische, die verzweifelt um sich schlagen und von den Männern harpuniert werden bevor sie auf Strohschütte in die Boote geworfen werden.

Ein neuer Beruf ist der des Thunfisch-Tauchers: Parallel zur Küste laufende Netze, auta und vascia genannt, bilden Netzkorrido-

re, die den Thunfischen das offene Meer versperren und sie Richtung Insel zwingen. Der Taucher muß mit seinem Atemgerät unter Wasser gehen und aufpassen, daß sich keine Risse geöffnet haben, durch die die Fische ihrem Schicksal entrinnen könnten. Er benachrichtigt auch die Fischer, wenn zufälligerweise in der tonnara ein Haifisch ist, oder wenn sich ein großer Schwertfisch dorthin verirrt hat, der die Netze beschädigen könnte, die Barken zertrümmern, oder sogar den tonnaroto, also den Thunfischfänger, töten könnte. Einmal griff ein großer Schwertfisch einen Taucher an. Die Spitze seines scharfen Schwertes zertrümmerte die Tauchermaske und drang unterhalb der Nasenwurzel in den Schädel des Mannes ein. Der Taucher hatte noch Glück im Unglück, denn das Schwert des Fisches streifte das Gehirn des Mannes, ohne es zu beschädigen, noch wurde anderen lebenswichtigen Organen Schaden zugefügt. Der Mann wurde schnellstens in ein Krankenhaus gebracht und operiert. Noch heute ist er als Taucher in der tonnara von San Cusumano tätig, in der Nähe von Trapani, oder manchmal bei Favignana, mit einer schaudererregenden Narbe im Gesicht, jedoch sich bester Gesundheit erfreuend.

Auf Favignana, in dem Werk wo der Thunfisch verarbeitet wird, steht ein Gedenkstein: »1859, letztes Jahr des Tributes an Florio, fing die tonnara von Favignana 10 159 Thunfische«. Seit Jahrzehnten erreicht die mattanza solche Ergebnisse nicht mehr; man spricht von Krise und einige meinen sogar, man wolle für immer damit aufhören. Die Ursachen sind vielfältig. Hauptsächlich ist es das »overfishing« von Thunfischen im Atlantischen Ozean durch japanische und amerikanische Fischer, die mit Leinen und Haken ohne Köder arbeiten und diese in das Gebrodel der Schwärme von Millionen Fischen mittelkleiner Größe werfen oder Hubschrauber benützen, von denen sie die Schwärme von oben auskundschaften können. Dann der Tourismus, der mit seinen aliscafi die Thunfischrouten durchquert, ebenso wie auch die immer größere Zahl von Privatbooten. Aber die Thunfische ziehen seit Jahrtausenden an den Egädischen Inseln vorbei: sie suchen die Gewässer der Äolischen Inseln in Nordosten auf, um dort ihre Heiratsriten zu zelebrieren.

Jedes Jahr sind japanische Käufer bei den mattanze anwesend, die von Mitte April zu den ersten Junitagen dauern. Sie kaufen riesengroße Thunfische, 400 — 600 kg schwer, die sie auf Eis legen und per Flugzeug nach Tokio fliegen, wo sie zu Liebhaberpreisen in den besten Restaurants serviert werden.

Der rraisi ist das unangefochtene Oberhaupt der Mannschaft und die direkte Kontaktperson zur Administration und zum Eigentümer der tonnara. Er wählt zwischen den erfahreneren tonnaroti, zwei capivaddia und zwischen diesen beiden wiederum einen sutturraisi, der nach alten Bestimmungen als sein Nachfolger vorgesehen ist. Die capilega (eine neuere Institution) werden von den tonnaroti gewählt und haben die gewerkschaftliche Aufgabe, ihre Rechte zu schützen und die korrekte Anwendung der Bestimmungen der migghiaratu zu gewährleisten, d. h. die Zuleitung der Anteile auf den Fang. 16 % der Thunfische und 27 % der Schwertfische werden dabei dem Kostgeld, also dem Grundgehalt, hinzugefügt.

An dem für die mattanza gewählten Tag, wenn also die rraisi die tonnara inspiziert haben und dort eine ausreichende Anzahl an Thunfischen vorgefunden haben, versammeln sich die Fischer im Morgengrauen auf der Mole. Sie verteilen sich auf die Barken, jeder nimmt den ihm zugewiesenen Platz ein und dann legen die Barken ab und werden in einer langen Kette von einem Motorboot gezogen. Die muciara rraisi, die Barke der rraisi, ist separat seitlich festgebunden, denn in der tonnara muß sie den gleichen Weg der Thunfische zurücklegen. »Dalla vucca a nassa«, d. h. die Passage durch den Mund der Reuse, durch den die Fische nicht zurückkommen werden, bis zur cammara, der Todeszelle. Sobald die kleine Flotte in See sticht, eröffnet das Oberhaupt der muciara a rraisi die Gebete: »Ein Salve Regina für die Mutter Gottes und Trapani / ein Salve Regina für die Mutter Gottes und einen Rosenkranz / ein Paternoster für St. Petrus, daß sie den Herren um reichen Fischfang bitten«. Und alle antworten im Chor: »So sei es Gottes Wille, ein ewiges Requiem, oh heiliger Schöpfer, für unsere Toten«. Sobald jeder an seinem Platz ist, kontrolliert die muciara i suari, eine Barke aus Kork, die Schwimmer der Netze. Eine andere Barke, varca a gguadari genannt, schließt nun einen Abschnitt der tonnara, die bastarda. Nach-

Links

Ein leichter Schneefall sprenkelt den Strand von Amalfi für einen kurzen Augenblick weiß, während die Fischer eilig zurückkehren.

dem er die Anwesenheit der Thunfische in der cammara überprüft hat, beginnt der rraisi die rituellen Formeln zu rezitieren: »Seid ihr fertig? Ein Credo oh Herr, schließen! / hat sich ein Tor geöffnet? / Im Namen Gottes, schließen!«.

Wenn die Thunfische endlich in der Todeskammer sind, jeder Fluchtweg abgeschnitten ist, während die Fischer auf den Barken angestrengt mit straffen Tauen das Tor geschlossen halten und andere den Bug und das Heck des fasceddru i livanti besteigen, feuert der rraisi an: »Ho ruck, ho ruck, ihr jungen und schönen Männer, hau ruck!« Die Stimme der tonnaroti erhebt sich zur ersten cialoma, die den Rhythmus ihrer Arbeit vorgibt: »Ziehen wir, ziehen wir / oh Jesus Christus und ihr Heiligen, ziehen wir / und der heilige Erretter / ziehen wir / und du schufest die einzige und nur sie / ziehen wir / die Vergini santa parturienti / ziehen wir / oh heilige Jungfrau der Gebährenden / ziehen wir / gebähre uns einen Sohn wie Gott / . . .« Jetzt drängt der rraisi mit seiner Pfeife. Das Bodennetz erscheint, die Thunfische schlagen um sich und das Wasser schäumt und staubt, wie ein Wasserfall. Die Fischer stimmen an: »Jetzt verkörpere dich« und andere antworten: »Von Maria«. Und alle schreien zusammen: »Hoch . . . hoch . . . Gnanzou . . . nzou zza . . . nzou Maria . . . gnanzou . . . gnanzou . . . / San Christofaro« und die gegenüber »Maddalena« / »Söldner«, schimpfen sie. »Große Säufer« bekommen sie als Antwort.

Das Szenario ist überwältigend. Die Thunfische schwimmen jetzt in wenigen Zentimetern Wasser. Das Wasser ist schon rot, wenn die ersten Haken in die blauen Rücken und die silbernen Flanken der großen Fische gestoßen werden. Jetzt werden die tonnaroti lustig und singen »Eine Nonne hatte ein Hemd« und viele andere Lieder, Gebete voller Anspielungen, erotisch, scherzhaft. Und so bis zum Ende, das jetzt nach etwa eineinhalb Stunden Anstrengung naht. In jüngerer Zeit endet der Fang manchmal bereits nach einer halben Stunde, denn heutzutage werden in einer guten Saison nur noch 2000 Thunfische gefangen.

Hinter den Collonne d'Ercole, den mythischen Säulen des Herkules, haben die Japaner und die Amerikaner vielleicht Hunderttausende von Thunfischen an Deck gezogen. Sie arbeiten mit Harken, mit Hubschraubern und unendlich großen Netzen, in denen auch zu Tausenden Delphine sterben.

Allgemein wird behauptet, daß in den letzten 100 Jahren der technische Fortschritt und die wissenschaftliche Forschung den von der Menschheit in ihren ersten 10 000 Jahren erzielten Ergebnissen überlegen war. Als 1859 die tonnara von Favignana 10 159 Thunfische stach, gab es noch keine Anwendung für Elektrizität, existierte noch kein Explosionsmotor, ein Telefon konnte man sich noch nicht vorstellen, auch nicht den drahtlosen Telegraph, das Radio, den Fernseher, die Landung auf dem Mond. Die mattanza ist in der Zeit unverändert geblieben, genauso wie sie früher von Homer, Teokritus, Elianos, Aristoteles, Solinos, Horaz, Plinius, Oppianos und Archestrat beschrieben wurde. Die rechtliche Grundlage bildete die byzantinische Gesetzgebung. Es wurden Netze mit Verbindungen zu Fixpunkten am Ufer vorgeschrieben und es herrschte das Verbot, innerhalb eines Bereiches von 182½ Armen rundum als Privatbesitz anerkannter Meeresabschnitte die Fischerei auszuüben. Viele Begriffe der sardinischen Sprache ähneln dem Arabischen, denn die Einführung der Grundmethode, der Organisation der tonnara und der mattanza, wird den Arabern zugeschrieben: Das Wort rraisi kommt von arrais, das Oberhaupt, cialoma von assalaam, der Frieden, also von dem Friedensgrußwort der Araber.

Im gesamten Mittelmeer wird die Fischerei eigentlich noch handwerksmäßig betrieben. Man nennt es Fischerei, weil es mit Fischen zu tun hat, ansonsten wäre es richtiger, von Jagd zu sprechen. Die Jagd auf den Thunfisch ähnelt, wie wir soeben gesehen haben, eher einer neolithischen Jagdpartie, bei der Pferde in einen Abgrund gestürzt und dort von Lanzen mit kieselsteinernen Spitzen abgestochen werden. Auch der Schwertfisch wird in diesem Sinne »gejagt«: Allerdings erst wenn er kein »pulicinedda« mehr ist, wir er in Calabrien und Sizilien genannt wird, und deshalb gesetzlich geschützt ist. Erst wenn er schon groß wie der Marlin aus dem Buch von Hemingway »Der alte Mann und das Meer« ist, eine Riese von 200 bis 600 kg Gewicht, fällt dieser Fisch unter den Lanzenstichen der Jäger in den Meeren Calabriens, Siziliens, von Palmi, Ganzirri und den Äolischen Inseln.

Hier in diesen Gewässern wird der Schwertfisch in den Monaten April und Mai gejagt, an den Ort wohin er zog, um sich zu paaren. Er und seine Lebensgefährtin, denn in dieser Saison schwimmen die Schwertfische stets zu Paaren, werden von Jägern gesichtet, die Adleraugen und kräftige Schreihälse haben

und weit oben auf Felsvorsprüngen und vulkanischen Öffnungen sitzen. Sie rufen anderen Männern zu, die in einem Mastkorb oben auf der Spitze eines bis zu 25 m langen Eisenmastes stehen. Und der Mann, der den Schrei »U piscispaaadaa! Dort . . ., dort . . ., zwei sind es!« oben in seinem Mastkorb gehört hat, steu-

Oben

Handwerkliche Bearbeitung von Korallen an der Westküste Sardiniens.

Seite 84/85

Zur Feier des Ortes wird die Statue des heiligen Patrons von Sant'Antioco, im Süden Sardiniens, in einer Prozession durch die Straßen und über die Molen der Ortschaft getragen.

ert sein Boot mit dem Steuerrad eines alten Autos, dem Gaszug und einem Wendegetriebe — genau wie auf der flying bridge einer Hochseeyacht, wenn die Haie der Adria mit Spule und Leine angegriffen werden.

Das vom Turm überragte Boot schlingert unter dem Gewicht der »passarella«, dem Laufsteg, der fast zweimal so lang wie das Boot selber ist. Am äußersten Ende dieses übertrieben großen Fangbootes, steht u lanzaturi, der Lanzenwerfer. Ruhigen Fußes, gespannt wie die Stahlseile, die von dem unendlich langen Laufsteg zur Spitze des Turmes führen, schwingt er seine gefährliche draffinera.

Die draffinera besteht aus zwei parallel laufenden Spitzen, wie der Dreizack Neptuns, jedoch ohne den mittleren Zahn. Ursprünglich steckte sie auf der Spitze einer schön geraden Holzstange, den u lanzaturi wie einen Wurfspeer schleuderte. Zu Beginn dieses Jahrhunderts wurde der Holzstab durch ein Eisenrohr ersetzt und die draffinera wird nicht mehr geworfen, sonder von oben nach unten geschleudert, vom Laufsteg aus auf den glänzenden Rücken des Schwertfisches.

Wie die mattanza ist hier zwischen Scilla und Cariddi die Jagd auf den Schwertfisch Tradition, Ritus, Liturgie und Gesang. Die Ausfahrt der luntri auf das Meer wird von dem Pfarrer der Ortschaft gesegnet und die kleinen Küstengemeinschaften feiern das gute Gelingen des Fanges wie das Fest des heiligen Patrons. Den Opfern wird großer Respekt entgegengebracht, umhüllt sie doch ein undurchdringliches Mysterium. Der Schwertfisch, Xiphias gladius, benimmt sich in der Jahreszeit seiner Paarung äußerst eigenartig. Dieser Zugfisch, ein ausdauernder Schwimmer und unbezwingbarer Krieger, der nicht davor zurückschreckt in den Tiefen angetroffene Unterwasserboote anzugreifen, zeigt sich, wenn die Zeit seiner Paarung kommt, wie verträumt. Er liegt unbeweglich an der Wasseroberfläche, wie betäubt, läßt die luntri näher kommen ohne von dem erregten Geschrei der Männer die ihn jagen Notiz zu nehmen. Die Biologen suchen eine Erklärung, die Jäger jedoch fragen nicht viel, sondern handeln dementsprechend.

Die Schwertfischjagd mit der Harpune erfolgt in vier Abschnitten: Die Erspähung, die Annäherung, das Stechen, die Bergung. Sobald die Anwesenheit des Tieres signalisiert wird, nähert sich ihm das luntro mit extremer Vorsicht. Der Vorsprung des Menschen liegt in der Erfahrung, im richtig gewählten Zeitpunkt, in der Unfehlbarkeit und im Glück des lanzaturi, der richtig treffen muß und dann die 500 m Wurfleine, die draffinera und luntro verbindet, kontrollieren muß, so daß ihre Spannung stets gleichmäßig ist und sie sich beim Ablaufen nicht verheddert.

Aber die Schwertfische schwimmen paarweise. Und die unkontrollierbare Gewalt des zur Verteidigung des verwundeten Partners angreifenden Weibchens, ist äußerst gefürchtet. An Bord der luntri liegen stets Hanf und Teer bereit, so daß die vom Schwert des Fisches geschlagenen Lecke sofort abgedichtet werden können. Oft geschieht es, daß der rachehungrige Fisch leichter in die räuberischen Hände der Männer fällt, gerade weil sein Schwert in der Beplankung des luntro stecken bleibt.

In Nordamerika oder Chile werden Schwertfische mit einem Harpunengewehr geschossen. Im Mittelmeer werden die meisten Schwertfische mit dem palangresi gefangen, tausend und abertausend Leinen und Haken, von den Fischern der Insel Ponza im Meer ausgelegt. Sie schlagen ihr Quartier auf Ustica oder Sardinien auf, wo ihre neapolitanische Sprache auch die freie Sprache des Meeres geworden ist und sogar von den Fischern Sardiniens gesprochen wird. Diese sind Nachkommen eines Volkes von Schäfern, die nie Seefahrerbräuche und Vertrauen zum Meer hatten, und somit keine eigene Sprache besitzen, die geeignet wäre, sich auf dem Wasser auszudrücken. Viele zu See fahrende Einwohner Sardiniens heißen Silverio, nach dem Namen des heiligen Patrons von Ponza.

Wie lang wird das noch dauern? Wie viele Jahre mattanza werden die sizilianischen Fischer noch erleben? Die tonnara von Favignana ist eine von denen, und äußerst rar sind sie geworden, die sich noch in Betrieb befinden. Sie ist die einzige dem Tourismus zugängliche und vielleicht deshalb auch die einzig bekannte. Wie viele priesterlich gesegnete draffinere werden noch die mächtigen Rücken der Schwertfische treffen?

Noch vor 20 Jahren in Neapel, auf dem lungomare, war ein übliches Schauspiel das der barfüßigen Fischer, die ihre wenig weit hinaus in das Meer geworfenen Netze ans Ufer zogen. Sie trugen ein Schultergehänge aus Tuch, mit einem Tauende, das durch die Öse eines großen Holzstiftes lief und diesen mit einem Knoten arretierte. Sie schlugen diesen Tampen um das Tau des Netzes, ergriffen darauf den Holzstift und zogen zusammen daran und sangen. Langsam kam das Netz ans Ufer zu, von den Helfern draußen auf den Kähnen kontrolliert, die ihm mit langen gekreuzten Rudern nachruderten: Mit der linken Hand wurde das rechte Ruder betätigt, mit der Rechten das Linke. Nach vollbrachter Anstrengung stülpten die Fischer den Kescher ihres Netzes auf den Fußsteig und sortierten seinen Inhalt in kleine, mit frischem Meereslattich ausgelegten Körben: Die porpetielli auf eine Seite, auf die andere Miesbarben und Drachenköpfe, Meereschen, Brassen, Katzenhaie zusammen mit den Glatthaien, Sardellen und Sardinen. Bald war jedoch der Golf eine Jauchegrube geworden, unschuldiges Opfer einer wild spekulierenden Bauwirtschaft, die eine der schönsten Gartenstädte der Welt zerstört hat und sie als öden Betonguß hinterließ. Die Fische sind verschwunden, die Fischer sind Schmuggler geworden oder schwarzarbeitende Bewacher der Yachten, die den Spekulatoren und Zerstörern gehören.

Wie längs der Küsten und auf den Inseln Italiens überall, hat die Bevölkerung die Ausübung ihrer ursprünglichen Berufe eingestellt und sich zur Wirtschaft der Ferienhäuser bekehrt. Sie hat die Küsten zerstört und besonders auf den größeren Inseln wie Ischia alle Initiativen für den Schutz der Umwelt erfolgreich abgeblockt. Als auf Ustica über die Möglichkeit, ein Meeresschutzgebiet einzurichten diskutiert wurde, kam der dickköpfigste Widerstand von den örtlichen Fischern, von denen jedoch nur noch drei in den Registern der Hafenkommandatur verzeichnet waren.

Ich erinnere mich daran, wie ich einmal ein für Sardinien typisches Messer suchte, sa leppa, mit seiner Scheide aus tempertem Eisen und dem Griff aus dem Horn eines Mufflons. In allen Geschäften der Küste fand ich nur noch serienmäßig in der Lombardei hergestellte Klappmesser. Man schickte mich zum Schmied des Ortes, nach Siliscola, weil ich keine Zeit hatte, hinauf bis nach Pattada aufzusteigen, eine für ihre Messer bekannte Ortschaft. Un der 90jährige Schmied wollte mir das Messer nicht machen: »Kaufen Sie sich eins bei Upim«, so sagte er mir. Schließlich konnte ich ihn überreden. Nach drei Tagen händigte er es mir aus und sagte: »Sie übernachten auf dem Boot? Nach ein paar Nächten wird die Scheide rostig sein. Sie müssen mir erst einen Gefallen tun: Rasieren Sie sich mit meinem Messer, gehen Sie mit ihm über ihren Bartwuchs als ob es eine Rasierklinge wäre, so werden Sie verstehen, war eine leppa sarda ist, und warum solche niemand mehr schmieden kann«.

Die kleinen Wellen sind erstarrt, eingefroren in ihren kurzen Schwüngen zum blassen Himmel. Ein Blitz in den Augen der Erinnerung: Die Vision des Meeres von Muggia, im Golf von Triest, erstarrt im Frost einer dieser klirrenden Winter, die es nicht mehr zu geben scheint, vielleicht weil überall Gebäude in den Himmel ragen, die in die Landschaft eingedrungen sind und die Macht der Winde verändert haben.

Tatsächlich ist das Meer Gewohnheit oder Nostalgie. Diese Nostalgie setzt selbstverständlich einen langen, intensiven Umgang mit dem Meer voraus, eine Osmose, eine Durchdringung; und danach ein zurückschauendes Dahinleben in der Ferne, das den Vorteil hat, Erinnerungen klarer zu definieren und Fehler und Tugenden klar und eindeutig herauszufiltern.

Un nun, von welchem Meer Italiens schreiben? Und wie? Instinktiv von dem, das nicht mehr ist. Jedoch, aus der Nostalgie taucht die Erinnerung an die schmerzliche Trauer anderer auf, die vor 40 Jahren das Verschwinden des ihnen als Kinder bekannten Meeres beklagten: »Als wir mit Oma zum Baden kamen, war dieses Dreckwasser so klar, sauber und durchsichtig, daß wir darin die ›taralli sugna-e-pepe‹ stippten (in Schweineschmalz gebackene Brezeln), bevor wie sie aßen«.

Wo? In Posillipo, wenige Schritte von den leer gähnenden Augenhöhlen der majestätischen Sommerresidenz des Vicere entfernt (der italienische Vizekönig), vor dem Palazzo Donn' Anna. Apropos »Baden gehen«: So drücken sich die Einwohner der Meeresstädte aus, wie Neapel, Genua. In den Städten ohne Meer, wie Rom oder Mailand sagt man »fahren wir ans Meer«, wobei natürlich eine Badeanstalt gemeint ist. Zu Zeiten, als das Wasser noch nicht verseucht war und man den Leuten nicht verbieten mußte, im Meer zu baden, gab es das Wort »balneazione« noch nicht. »Balneazione verboten« wurde erst viel später als Schild erfunden und die Wörterbücher haben dieses Wort noch nicht aufgenommen.

Auf dem Strand von Bagno Sirena fand man morgens die kleinen Fallschirme, an denen währen der Nacht langsam die Bengalafeuer auf das schlafende Neapel niederschwebten, um durch ihre Beleuchtung den Bomben der alliierten Flugzeuge ihre Ziele zu zeigen. Die Menschen starben damals den Hungertod. Relativ gut fristeten dagegen die ersten Unterwasserfischer

ihr Leben, die noch keine Flossen besaßen, denn in jenen Tagen benutzten diese nur die Unterwassersaboteure. Die Unterwasserfischer trugen als Augenschutz eine kleine Maske, hergestellt aus einen Stück Schlauch eines Lkw-Reifens und einem Stück oval geformten Glases, daß durch einen Streifen Schlauch von einem Reifen eines Topolino in seiner Fassung gehalten wurde. Außerdem trugen sie ein sehr langes, ganz blau gestrichenes Gewehr, von der Firma Malagamba in Genua hergestellt.

Mit diesen zwei einfachen Geräten spießten sie torpedoähnliche Seebarsche auf, Zahnbrassen und Oraden, die sich in den flachen Gewässern von Mergellina spiegelten und tauschten die Fische für Brot, Mehl, oftmals sogar für Kaffee. Im Sommer kamen die Unterwasserfischer bereits in Badehose aus dem Hause, mit der Taucherbrille auf der Stirn und dem Gewehr in der Hand und grasten die ganze Küste ab. Manchmal zogen sie bis Capo Miseno, Procida, sogar Ischia und kehrten mit Beute beladen zurück, bereits von Legenden umgeben. Capri war zu weit entfernt und schon von jeher für die Reichen reserviert. Doch wagte sich mancher bis dorthin, natürlich an Bord eines Ruderbootes, höchstens mit einem ganz kleinen Segel: 18 Meilen, fast 33 km und er kam dann auch mit Weintrauben zurück, Kakteenfeigen, zum Ende des Winters hin sogar mit Äpfeln.

Die ersten Unterwasserfischer damals starben ohne etwas über Anoxie, Augapfel-Syncope oder Wirkung von Stickstoff zu wissen. Sie starben, in der Begeisterung der Jagd auf die Fische, die Milch, Mehl, vielleicht ein Paar Schuhe bedeuteten. Dank ihrer begann eine neue Ära der Meeresforschung, wesentlich tiefer im kulturellen Sinne, weil der Mensch freier tauchte, kompletter, nützlicher; es begann ein direkteres Verhältnis des Menschen zum Meer, denn es war epidermischer. Nicht zufälligerweise begann alles im Mittelmeer.

Zu Zeiten des antiken Roms waren bereits die »subputeatores« genannten Taucher tätig; sie hatten keine Flossen und natürlich auch keine Brillen oder ähnliches, das ihnen das klare Sehen unter Wasser ermöglicht hätte. Vor ihnen lebten bereits die assyrischen, griechischen Taucher, und dann in Sizilien, zur Zeit der moslemischen Eroberung, der mythische Hassan el Ghauasin, wörtlich »der beste unter den Springern«. Viele Jahrhunderte später, als die Taucheranzüge perfektioniert wurden, konnte sich der Mensch auf dem Meeresgrund bewegen, die Augen wie auf ein Wunder eines anderen Planeten richten. Aber dieser Mensch blieb eben doch ein Erdbewohner, vom Meer zurückschreckend, ein Arbeiter der nicht schwimmen konnte, so wie es auch die Fischer nie konnten (es sei denn, im Falle extremer Notwendigkeit).

Die Taucher mit ihren Atemgeräten wurden die neuen Forscher und Wissenschaftler, jedoch hauptsächlich die neuen Arbeiter und Kumpel des Meeres. Heute arbeitet ein echter Meeresbiologe mehr unter Wasser als in seinem Laboratorium.

Die Verarbeitung des Koralles zu Schmuck findet zwar weiterhin in den traditionellen, mittlerweile jedoch zu industriellen Dimensionen gewachsenen, Handwerksstuben von Torre del Greco statt, in der Provinz von Neapel. Jedoch werden die wertvollen Ästchen nicht mehr mit dem »ingegno« gesammelt, jenem schweren Kreuz aus Holz und Eisen mit seinen jahrhundertelang gebrauchten Netzlumpen, das vom Korallenriff in das Meer hinabgelassen wurde. Jetzt taucht ein corallaro, ein Taucher, in die Tiefe, um sie dort einzeln aufzusammeln, mit 70 kg schwerer Stahlflaschen auf dem Rücken, die mit Gemischen aus Sauerstoff und Helium gefüllt sind.

Die Technologie hat die uralten Berufe der italienischen Meere überrannt, hat Zivilisation und Kultur durchwühlt. Rar gewordene Meister der Axt bauen noch in ihren squeri genannten höhlenartigen Werften in Venedig die typischen Gondeln, mit vielen Namen genannt: »gondole, gondole da fresco (Frische-Luft-Gondeln) und gondolin de reagata (Regattengondeln), topi (Mäuse), tope (weibliche Mäuse) und sanpierote (des heiligen Petrus), batele a coa de gambaro (Krebsschwanzboote), vipere (Vipern), caorline, peate (Fußtritte), batelon (großes Boote), puparin (Puppe), batele und mascarete«; noch seltener sind die Meister geworden, die noch fähig sind, Kähne in ihren unzähligen Varianten zu bauen, vom Ligurischen und Sorrentinischen, bis zum Schifazzo aus Sizilien. Heutzutage könnten viele Werften allein mit Arbeitern der Chemiebranche auskommen, denn zum Sägen, Hobeln, Hämmern und Nageln werden nicht mehr die traditionellen Werkzeuge benutzt, sondern diese wurden von einem breiten Pinsel ersetzt. Mit ihm wird das flüssige Plastik auf das Gewebe aus Glasfiber oder Karbonium aufgetragen.

Fischer: Ein Leben für das Meer

Die Menschen des Meeres führen sicher kein einfaches oder bequemes Leben. Der Gewinn, den sie vom Meer erhalten, steht nur selten in einem ausgewogenen Verhältnis zu der nötigen und oft aufgezwungenen Arbeit, Anstrengung und Aufopferung. Trotzdem verbindet die Fischer ein starkes Band mit ihren Booten und mit der unendlichen Weite, die sie immer wieder täglich befahren und auskundschaften. Es ist eine Mischung aus Vertrauen, Angst und Scheu. Das Meer kann weder gezügelt noch bezwungen werden, deshalb muß man es kennen und jede seiner plötzlichen Änderungen voraussehen können. In den folgenden Abbildungen sind einige Augenblicke eines mit einer Fischergruppe der Insel La Maddalena verbrachten Tages festgehalten.

Nach dem Fischfang ist die Arbeit noch nicht beendet: Die Netze werden auf der Mole ausgebreitet, genauestens inspiziert, überprüft, ausgebessert und für den folgenden Arbeitstag auf dem Meer vorbereitet. Die Hände der Fischer bewegen sich während dieser Tätigkeit sicher und schnell, ähnlich der einer Stickerin über dem Tuch.

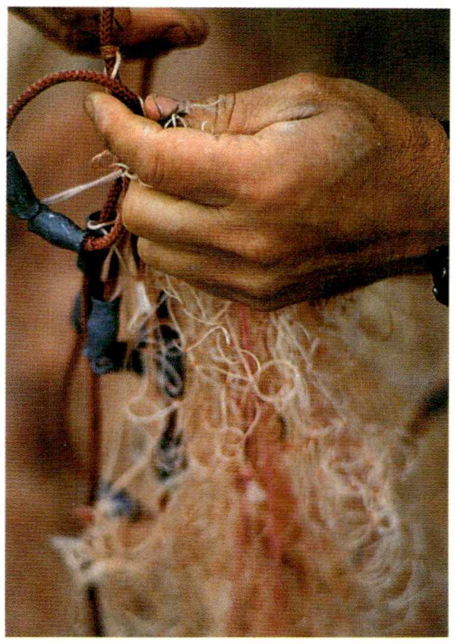
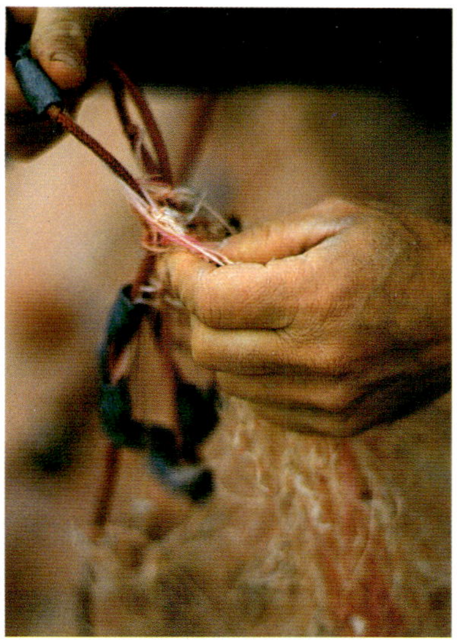

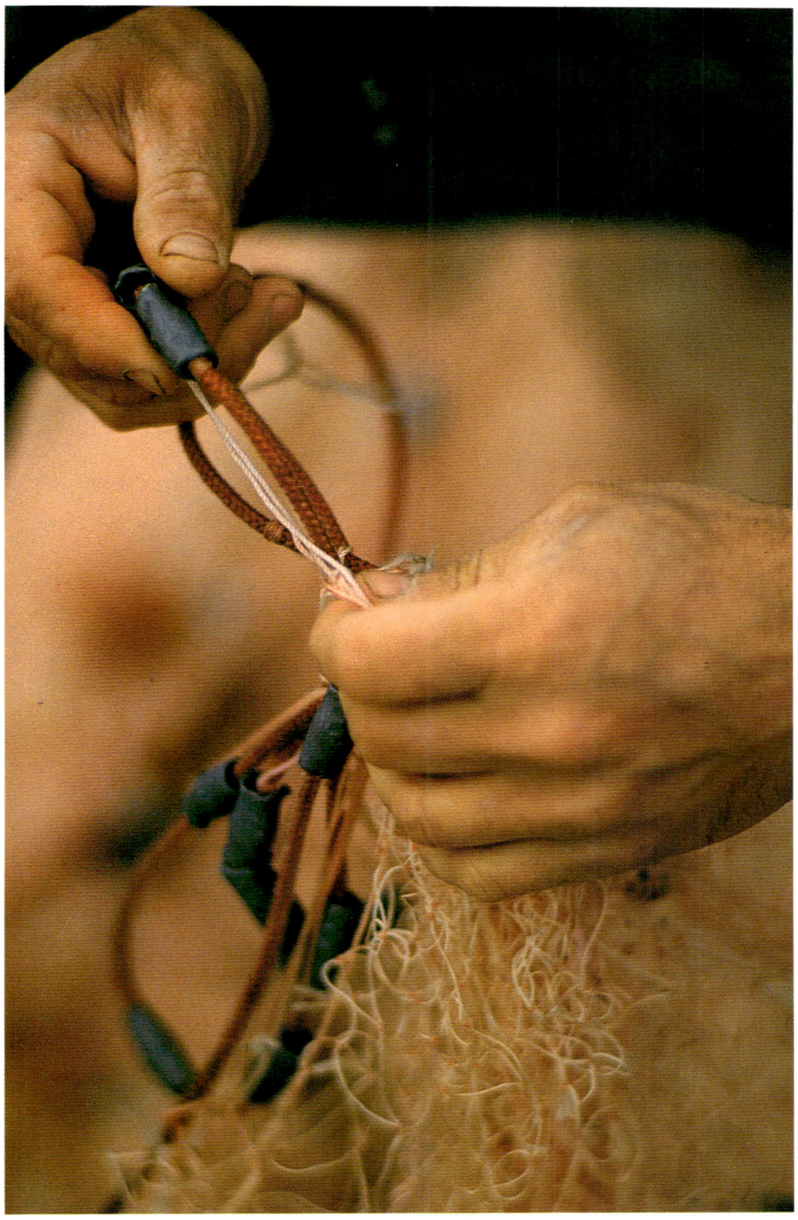

Der antike Brauch der tonnara

Vor einigen Jahrzehnten, als die tonnara noch sehr ertragreich war, kamen für die Saison der mattanza von Mai bis Juni Hunderte von Männern aus zum Teil weit entfernten Orten und Inseln auf Favignana zusammen. Sie unterbrachen ihre Alltagsarbeit und wurden »tonnaroti« (Thunfischfänger) für nicht ganz einen Monat und erlebten die anstrengende Erfahrung des Thunfischfanges. Früher wurden in einer Saison tausende Fische gefangen, heutzutage sind es nur noch einige Hundert. Die Bräuche der mattanza sind deshalb mehr und mehr dabei, sich in ein jährliches Touristentreffen zu verwandeln.

Oben

Marettimo ist neben Favignana einer der letzten Orte, wo noch der traditionelle Thunfischfang betrieben wird. Die Abbildung zeigt den kleinen Hafen.

Rechts

Der bleierne Himmel verstärkt noch den wilden Charakter der felsigen und zerklüfteten Küste bei Punta Bombarda, auf der Insel Marettimo.

Seite 95 oben

Eindruckvolles Portrait einiger alten tonnaroti der Insel Favignana.

Der Ursprung der tonnara liegt in weiter Vergangenheit, in der Zeit der arabischen Herrschaft auf Sizilien, und noch heute zeugen viele Vokabeln der Sprache der tonnaroti für ihre arabische Abstammung. Die tonnara wird von einer strengen Organisation geregelt; einer präzisen Kondifizierung und einer rigoros respektierten hirarchischen Struktur. Unangefochtenes Oberhaupt ist der rrais, der zugleich Hüter und Bewahrer dieser antiken Technik ist.

Berufe an den Meeresufern

Rund um den Fischfang haben sich viele handwerkliche Tätigkeiten entwickelt. In den kleinen Meeresortschaften gibt es noch einige Werkstätten, wo die antiken Traditionen gepflegt und ursprüngliche Materialien verarbeitet werden.

COOPERATIVE
Ille & Vire

Eine Stadt auf Booten

Die Gondel, deren heutige Form im 16. Jahrhundert entwickelt wurde, als sie gemäß einer Anweisung des Senates einen schwarzen Anstrich erhielt, stammt von einer viel älteren und wahrscheinlich schon vor dem Jahr 1000 gebauten Barke. Noch heute wird sie genauestens nach unveränderten handwerklichen Traditionen in den »squeri« genannten Werften Venedigs gebaut. Sie ist das Ergebnis eines perfekten Handwerks zwischen Gleichgewicht und Form, zwischen Eleganz und Effizienz.

VENEZIA IN

Mehr als jede andere Stadt lebt Venedig mit dem Wasser und auf dem Wasser: Jede Tätigkeit, sei es Handel oder Verkehr, Festlichkeiten, Heirat oder Begräbnis, wickelt sich längs ihrer Kanäle ab. In der Tat ist ihr Charme untrennbar an das Wasser gebunden, an die zitternden Spiegelbilder der antiken Paläste, an die bunten Handelsboote und natürlich an die eleganten, schwarzen Gondeln.

Seite 108/109

Jeden Morgen laufen an der Rialto-Brücke unzählige, mit Obst und Gemüse beladene Motorbarken zusammen, denn hier findet der größte Obst- und Gemüsemarkt Venedigs statt.

P.TE ACCADEMIA
S. MARCO

Jede Veranstaltung der venezianischen Folklore ist in irgend einer Form mit dem Wasser verbunden. Unter den großen Ereignissen ist wohl die »regate« die typischste, denn ihr Brauch stammt aus dem entfernten Jahr 1315. Die Vogalonga ist dagegen in jüngeren Jahren geboren, im Jahre 1975, und ist das venezianische Gegenstück zu den Volksmärschen und Trimm-dich-Läufen, die in den Ortschaften und in den Städten des Festlandes organisiert werden. Die Teilnahme der Venezianer an der Vogalonga war von Anfang an enthusiastisch.

Seite 112/113

Auf dem Wasser vor San Marco warten die an der Vogalonga teilnehmenden Boote auf das Startzeichen.

Die Padellata von Camogli

Jedes Jahr, pünktlich am zweiten Mai-Sonntag, verwandeln sich die Fischer von Camogli in Köche und widmen sich für einen ganzen Tag dem Panieren und Backen von Fisch, der in dem wunderbaren Szenarium des kleinen Hafens kostenlos an die Vielzahl von Zuschauern verteilt wird. Die »Padellata« wurde 1952 eingeführt und seit dem erfreut sie sich jährlich wachsender Beliebtheit; mehr als 30 000 Leute drängen sich dann in diesem kleinen Ort am Meer, angezogen von der Originalität und dem köstlichen Duft dieser einzigartigen »Fischkirchweih« (Sagra del Pesce).

MARE SPORT

Für die ersten Veranstaltungen der Sagra del Pesce di Camogli wurde eine große Anzahl von Pfannen mit 70 cm Durchmesser entlang der Meerespromenade und der Hafenanlagen aufgestellt. Um organisatorische Probleme zu lösen, entstand später die Idee, die größte Pfanne der Welt zu bauen. Die heutzutage benutzte, bereits die dritte Generation, hat einen Durchmesser von 4 m und einen 6 m langen Griff, der als Kamin dient; sie enthält 500 l Öl und wird mit Flüssiggas gefeuert. Als einzige ihrer Art und als besondere Attraktion wird die Pfanne oft an andere Dörfer für Volksfeste ausgeliehen.

DI SEMI
SOIA

FIPS
CONI

Längs der Küsten segelnd

Das Seegelboot ist und bleibt ohne Zweifel das geeignetste Mittel, um dem Meer und der Natur behutsam zu begegnen.

Begegnungen

Oben

Für Seefahrende ist die Begegnung mit den Blauwaalen ein Augenblick unvergeßlicher Eindrücke.

Seite 125

Leise und diskret ermöglicht das Segelboot die Annährung an die Delphine, die in Schwärmen die Gewässer des Mittelmeeres durchfurchen.

Amerigo Vespucci

Die Amerigo Vespucci, Schulschiff der Marina Militare Italiana, wurde in der Militärswerft von Castellamare di Stabia nach einem Entwurf des Oberleutnants der technischen Marinetruppen Francesco Rotundi gebaut. Offensichtlich richtet sich ihre Form nach den Schiffen des 19. Jahrhunderts, mit einer Gesamtlänge von 101 m und einer maximalen Breite von fast 16 m. Am 22 Februar 1931 erfolgte ihr Stapellauf: Sie ist mit 3 Masten und quadratischen Segeln ausgestattet, einem Großsegel Achtern, einem langen Bugspriet mit den Klüvern und den Staksegeln. Es ist das älteste noch bewaffnete Schiff der Militärmarine und ohne Zweifel auch das eindruckvollste.

Die Amerigo Vespucci ist den Schülern der Militärakademie von Livorno bestimmt und kann ca. 500 Leute beherbergen. Die Schulungszeit zieht sich vom Frühlingsbeginn bis zum Ende des Sommers hin; im Herbst kehrt die Vespucci in die Werft zurück, um dort sorgfältig überholt zu werden. 1955 wurde ihr von der italienischen Marine die »Palinuro« zur Seite gestellt: Sie ist den Oberbootsmanns-Schülern der Besatzungsschule von Maddalena reserviert.

Seite 128

Im Laufe einer Übung klettern einige Schüler an den Webeleinen empor, um ihren Platz auf den Rahen einzunehmen.

Seite 128/129

Gemäß alter Tradition sind die Segel der Amerigo Vespucci noch ganz aus Hanf.

Seite 129 oben

Eine wunderschöne goldene Galionsfigur schmückt den Bug dieses Schiffes.

Geschichte auf dem Meeresboden

Der Tauchsport war es, der die Schätze des unter Wasser liegenden Italiens enthüllte. Amphoren, Tongefäße, Anker aus Stein oder Metall ruhen auf dem Meeresboden, verkrustet und von Korallen bedeckt und geschützt. Die meisten vor den italienischen Küsten gefundenen Wracks sind natürlich römischer Herkunft, meist aus den Jahren nach dem 3. und 4. Jahrhundert.

Oben

Ein römischer Anker wurde in den Gewässern vor Caprera gefunden.

Rechts

Ausgrabung unter Wasser einer römischen Amphore vor der Isola del Giglio.

Seite 131

Ein Taucher betrachtet den Stummel des Großmastes eines römischen Schiffes, das im Meer von Albenga gefunden wurde und ungefähr aus dem Jahr 50 n. Chr. stammt.

● *Oben*

In diesem Bild wird die spannende Bergung der Bronzi di Riace festgehalten, die heute im archeologischen Museum von Reggio Calabria ausgestellt sind.

■ *Rechts*

Fund eines korinthischen Helmes des 6. Jahrhunderts v. Chr. auf dem Meeresboden vor der sizilianischen Küste, in der Nähe der griechischen Fundamente von Camerina.

★ *Seite 134/135*

Montage fester Raster für fotografische Vermessungen im Meer von Miseno.

technisub
technisub

Oben

Bis hinunter zum Meer stehen die Häuser von Porto Pidocchio auf Punta Chiappa, einer Spitze der Landzunge von Portofino.

Links

Im Herzen der wichtigsten Ortschaft der Insel Capri gelegen, ist dieser kleine Platz in der ganzen Welt als sommerlicher Treffpunkt bekannt.

Rechts

Malerische Ansicht des Wohngebietes und des Hafens von Salina auf den Äolischen Inseln.

Steine und Menschen

Längs der Küste haben sich die kleinen Häuser in die Bucht gefügt. In Reihen und Gruppen verstecken sie sich im Schatten der »macchia mediterranea«, fast als ob sie das Meer vor ihnen fürchten würden.

Als im Jahre 70 v. Chr., also vor 2060 Jahren, Publius Vergil Maronew, der von sich schrieb »Mantua me genuit«, in Pietole auf die Welt kam, erblickte er das Licht an den Mündungen der Flüsse Mincio und Po. Knapp 700 Jahre ist es her, daß Dante Alighieri, der sich selbst als Jünger von Vergil erwählte, (»Sag mir, oh mein Meister, sag mir oh Herr — ich frage um sicher zu sein — dieses jeden Fehler besiegenden Glaubens«) hier sein irdisches Leben beendete.

Es gibt sie noch, Venedig, die Vorzeige-Stadt, das Heiligtum ihrer selbst. Vielleicht haben ihre Bewohner zu viele Brücken gebaut — nicht die über die Kanäle — sondern Flugzeuge, Züge und Autos sind gemeint. »Oi barbaroi«, die Eroberer von heute, kommen nicht mehr mit Waffen, sondern um Empfindungen und Erinnerungen zu kaufen, die es woanders auf der Welt nicht gibt. Venedig ist mittlerweile ein Museum unter freiem Himmel, ein Basar, ein Zoo mit Käfigen aus versteinerten Spitzen. Jedenfalls ist sie immer noch eine der faszinierendsten Städte Italiens und ganz sicher die vom Meer am meisten geprägte.

Chioggia ist das Beispiel für ein harmonisches Miteinander zwischen Mensch und Meer. Der romanische Dom, im Jahre 600 wieder aufgebaut, und sein Glockenturm, um drei Jahrhunderte älter, zeugen für eine antike Zeit der Blüte und für vergangene Privilegien, jedoch auch für eine erstaunliche Anpassungsfähigkeit an ein Umfeld, das dem der fernliegenden Ursprünge absolut nicht mehr entspricht. Hier kann man jedoch noch mit der gleichen antiken Philosophie leben wie damals: die einer unbeschwerten Zivilisation von Fischern, die noch heute das grüne mit dem braunen der gemeinsamen Mündung der Flüsse Brenta und Etsch gemischter Wasser durchfurchen, an Bord nobler und beinahe antiker Barken, mit großen mehrfarbigen Segeln, folkloristisch und funktionell zugleich.

Richtung Süden fortfahrend überquert man die Mündung des Reno (Rhein), ein Fluß der allerdings nichts von der Grandiosität seines mitteleuropäischen »Namensvetters« besitzt. Gespeist wird er von der Aposa und anderen Kanälen, die zum Teil unter dem Zentrum von Bologna hindurchfließen. Eine »via Riva Reno« (Rheinuferstraße) und eine »via del Porto« (Hafenstraße) in der Hauptstadt der Region Emilia erinnern an uralte Vertrautheit mit der Seefahrt. Vor 60 Jahren waren die Straßen mit diesen Namen der Stadt von heute Kanäle auf denen große, schwer beladene Barken vorüberfahren. Längs der Gewässer gingen die Wäscherinnen eifrig ihren Geschäftigkeiten nach, ohne Autos und phosphathaltige Waschmittel. Ein Kanal unter freiem Himmel ist geblieben, an der Kreuzung zwischen »via Augusto Righi« und »via Indipendenza«.

Es besteht eine starke Bindung zwischen der Küste und dem Inneren dieses Landes: Italien gelingt es nicht, sich an irgendeinem seiner Orte vom Meer zu entfernen. Es dringt ein über die wichtigen Verkehrslinien und folgt den Invasionsrouten von der Küste zum Landesinneren.

Es ist wirklich mehr, dieses Meer, auch für die »terrazzani«, die Landratten, die ihre Gelegenheiten, sich mit dem Meer zu treffen, auf die Sommerferien am Strand beschränken. Ein anderes Meer ist es für denjenigen, der die Klippen liebt und die Ankerplätze in den kleinen, tiefen Buchten im Schatten steil aufsteigender Felsen. Für ihn ist es das Sammeln von Meerigeln und Muscheln, die schon im Wasser oder an Deck mit einem kleinen Messer geöffnet werden. Man ißt dazu ein Stück Brot und würzt mit einem Spritzer Zitronensaft. Besonders köstlich ist natürlich ein frisch harpunierter »corvina«, zubereitet an einem auf trockener Klippe mit Buschholz entzündetem Feuer.

So ein Picknick kann man z. B. auf den Tremiti machen, diesen etwas untypischen Inseln der Adria. Die erste Persönlichkeit die mit San Domino (damals Tremerus oder Tremetis genannt) in Verbindung gebracht werden kann, war Julia, Tochter von Agrippina und Enkelin von Oktavianus Augustus. Acht Jahre nach Christi Geburt wurde sie wegen ihrer römischen Liderlichkeiten zum Exil verurteilt. Schwache Spuren deuten darauf hin, daß hier bereits vorher eine Besiedelung stattgefunden haben muß. Wesentlich deutlichere Spuren haben dagegen die benetiktinischen Mönche von Montecassino im Mittelalter hinterlassen, die auf der Insel San Nicola ihre grandiose Abtei errichtet haben.

An der »Ferse« Italiens, von unterhalb des »Sporens« an bis zum »Absatz«, dominiert die Flachheit der typischen Adriaküste mit wundervollen Dörfern (z. B. Polignano a Mare). Meist wurde Kalksandstein zum Bau verwendet, den sowohl die Einwohner Apuliens, wie auch die Neapolitaner Tuff nennen und der dank seiner Farbe die Häuser wie aus Brot erscheinen läßt.

Die Burg des Kaisers Friedrich II., hoch über der Ebene von Apulien gelegen, erklärt sich durch den wenige Meter entfernten Hafen von Molfetta. Von hier aus stachen einst die Kreuzritter in See. Der Dom von Cefalu in Sizilien hat die ursprüngliche Form einer riesigen Moschee. Sie war im 9. Jahrhundert von den gerade gelandeten Arabern im Namen Allahs errichtet und in aller Eile fertiggestellt worden, bevor die Normannen als Befreier im Namen eines gleichen Gottes mit anderem Namen zurückkamen.

Längs aller Küsten Italiens und seiner Inseln schlossen sich immer wieder Dörfer aus geographischen oder politischen Gründen zusammen. In manchen Gegenden erreichten diese Zusammenschlüsse den Rang einer Stadt. Die Wohngebiete entstanden hauptsächlich »von selbst«, in manchen Fällen wurden sie jedoch gewissenhaft geplant. Sie nahmen Formen an, die später von Wissenschaftlern klassifiziert wurden: Ummauertes Städtchen, mit Graben, quadratischem Grundriß und »borghi« (Vororte) vor den Toren; Ansiedlungen auf der Kuppe eines Hügels, in ihrer Form von der Orographie der Gegend beeinflußt; längliche Ortschaft längs einer Straße ausgestreckt, usw.

Aus Sicherheitsgründen wurden oft den Meeresufern die umliegenden Höhenzüge bevorzugt. Das Italien von heute ist ein Land vieler »Berg-Gemeinschaften« mit Blick auf das Meer; wenn es wirklich nicht gelang, den Kontakt mit dem Salzwasser zu vermeiden, errichtete man die Häuser wie Nester auf kurzen Stränden steil aufragender Buchten, in unerreichbaren Fjorden. An alle Küsten Italiens wurde die Geografie von der Geschichte geschrieben, so wie es übrigens im ganzen Mittelmeergebiet der

Links

Der historische Altstadtkern von Vieste umschließt eine wunderschöne Siedlung des Mittelalters, mit ihren engen in Treppen aufsteigenden Gassen.

Fall ist. Jedoch nur oberflächlichen Beobachtern können bestimmte sizilianische Ortschaften den nordafrikanischen gleich erscheinen, wo die arabische Spur aktuell und lebendig geblieben ist, während in Sizilien, obwohl sie dort ebenfalls spürbar ist, sich aufeinander folgende Spuren gegenseitig überdeckt haben. So z. B. die normannischen, also nordeuropäischen, und das gleiche gilt für Apulien, wo die Ähnlichkeiten mit den griechischen Küsten von der folgenden und vielen Jahrhunderte dauernden schwäbischen Anwesenheit vernichtet wurden.

Unbeweglich in der Zeit liegen dagegen die heruntergekommenen Städte der Magna Grecia, weswegen die Ruinen von Sibari und Crotone denen von Antiochien und Ephesus absolut ähneln. Die Ortschaften der heutigen Zeit schlängeln sich zwischen den Ruinen dieser antiken Städte und leben ihre bescheidene Existenz. Sie geben den Ruinen und dieser Landschaft neues Leben.

ne verbrannten Inseln, und nicht nur in Ortschaften hoch in den Bergen, wo sein Vorkommen selbstverständlicher wirkt.

Steine zeugen in der Regel für das Bestreben der Völker, sich zu verewigen. Jahrhunderte lang waren jedoch die am Mittelmeer liegenden Ortschaften stets von den Streifzügen der Piraten bedroht. So erkennt man den Stein als Verteidigung gegen diese ständige Bedrohung: Ein Hüttendorf aus Holz und Ästen kann von einem brennden Pfeil oder einem Funken aus einem Feuerstein zerstört werden; das Haus aus Stein kann dagegen verkohlen, schwer beschädigt werden, jedoch niemals vom Feuer vernichtet werden. Sein Bewohner kann in der Ruhe nach dem Sturm des Angriffes stets zu ihm zurückkehren und das Zerstörte wieder aufbauen.

Obwohl schwer geprüft, hat sich die Kultur des Mittelmeerraumes doch als beständig erwiesen: Die meisten Städte der Antike stehen noch dort, wo sie das erste Mal vor zwanzig, dreißig oder

Die »casa mediterranea«, also das ursprüngliche Haus des Mittelmeeres, hatte einen kreisförmigen Grundriß, wurde aus übereinandergelegten Steinen gebaut und mit einem Kuppeldach versehen (wie die »dammusi« auf Pantelleria); in einigen Gegenden wurden die Häuser direkt in den Stein geschlagen oder in den versteinerten Ton (die »sassi« in Matera), wie manche Behausungen Nordafrikas, Südspaniens oder auf Malta — übrigens ist Malta geographisch gesehen sicherlich mehr Italien als Linosa oder Lampedusa —. So liegen die »trulli«, Häuser zylindrischer Form, oder besser gesagt konisch, denn sie verjüngen sich nach oben hin, in den Murge verstreut, jener hügeligen Hochebene zwischen Bari und Otranto. Es gibt sie jedoch bis zum Meer hinab und sie stehen auch an den Hängen des Appennino abruzzese, an der Südküste Frankreichs, ja sogar an den ersten Ausläufern des slowenisch-friulanischen Carso. Stein gibt es also auch in den armen Meeresdörfern, auf von der Son-

vierzig Jahrhunderten erbaut wurden. Die erste Besiedelung datiert freilich noch wesentlich früher und man nimmt an, daß es bereits vor 10 000 Jahren hier Menschen gab. Dies war die Periode des Mesolithikums, die Zeit als der Mensch das Bebauen von Äckern und das Zähmen der ersten Haustiere erlernte.

Doch erfordert der Stein nicht nur oft unmenschliche Anstrengungen von den Grubenarbeitern, den Trägern, Hauern und Maurern, wie z. B. in den berühmt-berüchtigten latomie die Siracusa oder in den Tuffbrücken von Favignana, die erst vor wenigen Jahren stillgelegt wurden. Der Stein ist auch Ansporn für stetige Erneuerung im Handwerk und in der Kunst.

Die Verdichtung der Bevölkerung in große Städte ist ein charakteristisches Merkmal der Mittelmeerkultur. Große Städte waren es nach heutigen Vergleichskriterien natürlich nicht, es handelte sich im heutigen Sinne nur um Dörfer, kleine Ortschaften oder mittlere Städte, wie es Pompei mit seinen 20 000 Bewohnern 79 n. Chr. war, als es unter der Asche der berühmtesten Eruption aller Zeiten des Vesuvs begraben wurde. Die Million Einwohner von Roma imperiale war für damalige Verhältnisse eine monströse Anomalie.

Klima und Bodenbeschaffenheit führten zu dieser Ballung, die sich ganz allmählich vollzog. Ursprünglich schlossen sich kleine Gruppen zusammen, um ein Stück Erde zu bebauen, karg an Bodenschätzen, aber genug zum Leben. Dann kamen die Kriege, Seuchen, Angriffe vom Meer; am Ende jedes geschichtlichen Zyklus bewiesen diese Wohnkerne des Ursprunges stets stärker ihre feste Verbundenheit mit dem erwählten Territorium. Es ist ein »Bevölkerungsmodul«, typisch für Süditalien, wie auch für den griechischen Peloponnes der dalmatischen Küste oder des französischen Languedoc.

In den Siedlungen des Mittelmeeres drängen sich die Häuser zusammen, klammert sich das eine an das andere, um sich gegenseitig besser vor der brennenden Sonne oder der Gewalt der Meereswinde zu schützen. So wenig Platz wie möglich soll der Erde genommen werden, denn sie ist der landwirtschaftlichen Bebauung bestimmt und umgibt mit ihren Feldern und Zäunen das Dorf. Hier braucht man keine Industrie (und wird wohl auch nie eine brauchen), denn die Werkstätten der Handwerker befriedigen weiterhin jeden Bedarf an Manufaktur.

Auch das Wasser muß manchmal von weit her gebracht werden, denn erstaunlicherweise wurde die Gründung und das Wachstum einer Ansiedlung fast nie von der Nähe einer Quelle oder eines Flusses bestimmt. Wenn es so gewesen wäre, wäre keine der kleineren Inseln bewohnt, denn fast keine besitzt Trinkwasserquellen sondern höchstens Quellen mit kochendem, sulfurischem Wasser.

Nicht eine einzige Wasserquelle, deshalb nur mit einer dürftigen Landwirtschaft, dafür aber einem Überfluß an Ginster, Kakteen und großen scharfen Kapern, hier und dort wilde Kaninchen, Königsmöwen, Kaiserkrähen, einsame Spatzen und die Straßen der Dörfer San Vincenzo und San Bartolo im Landesinneren: Stromboli.

Die Römer nannten sie Ustica, die Verbrannte, wegen dem Schwarz des Lavafelsens, aus dem sie geschaffen ist. Sogar schon viele Jahrhunderte vorher, im Neolithikum, war diese Insel bewohnt: Das beweisen die vielen, freigelegten Gräber einer prähistorischen Epoche. Einst war die Insel auch doppelt so groß wie heute, doch vulkanische Explosionen rissen sie in Stücke und verkleinerten sie stetig.

Aus diesen Urdörfern sind erst kleine Wohnsiedlungen entstanden und dann »Dienstleistungsstätten« am Meer, Anlegepunkte für das Verladen und Löschen unentbehrlicher Ware. Es wurden die Stützpunkte der ersten Bauern und Viehzüchter, die sich in Fischer verwandelt hatten; oft gab es dort einen Ausschank für Süßwasser, ein Warenlager, ein Häuschen. So erklärt sich, warum vielen alten Ortsnamen das Wort »mare« oder »marina« beigefügt wurde und der neue aus zwei Worten entstandene Name parallel zu wirtschaftlichen Veränderungen und zum Aufkommen des Tourismus den ursprünglichen Namen verdrängt hat: Marina di Ravenna, Milano Marittiam, Gatteo a Mare, Porto Recanati, Cupra Marittima, Porto d'Ascoli, sogar Montesilvano Marittima und dann hauptsächlich in Calabrien, Catanzaro Lido, Marina di Badolato, Monasterace Marina, Marina die Gioiosa Ionica, Siderno Marina, Ardore Marino, Bovalino Marina, Brancaleone Mare als Gegenstück zu Brancaleone Superiore, Palizzi Marina, Bova Marina, Marina di Palmi, Vibo Marina.

Ab Marina Porto, die zusammen mit Marina di Novaglie und Marina Serra in Felsspalten errichtet wurde, trifft man auf keine lebende Seele mehr. Dort finden nicht nur Fischerboote Zuflucht, sondern auch einige wenige Touristen, die das Klippenmeer und die Ruhe lieben und Sand und Diskotheken hassen.

Marina die Camerota in Campanien entstand um eine Osteria herum, also um eine Schenke. Sie wurde in der Nähe einer Quelle gebaut, zu Füßen der Ortschaft Camerota mit ihrem Mantel von Mauern und Bastionen. Man erreicht sie auf einer abenteuerlichen Serpentinen-Straße nach etwa 6½ km.

Die Entwicklung Marina die Camerotas verlief wie die Hundert anderer, dem Strandtourismus bestens bekannter Ortschaften. Der ursprüngliche Kern hat sich im Laufe der Jahrhunderte in einen wirklich lebhaften Hafen verwandelt, in ein selbständiges Städtchen mit eigener Kultur, das nun von Seefahrerbräuchen belebt und nicht mehr von landwirtschaftlichen oder kirchlichen Traditionen geprägt ist.

1948 schrieb der bekannte Archäologe Amedeo Maiuri: »Palinuro erreicht man vom Meer aus; Verbindungen hält diese Ortschaft hauptsächlich über das Meer, entweder mit der Marina di Ascea oder der Marina die Camerota aufrecht. Die befahrbare

Seite 140
Ansicht des Hafens und des Wohngebietes der Insel Ischia.

Seite 141 oben
Die alten Häuser von Amalfi stehen direkt unter den felsigen Bastionen der Küste.

Seite 141 unten
Ein beeindruckender Kontrast zwischen dem Weiß der Häuser von Stromboli und dem Schwarz des Lavabodens.

Seite 142/143
Der Ort Stromboli erstreckt sich längs der nordöstlichen Küste der Insel.

Straße führt nicht über Centola hinweg und trifft nach Irrwegen wieder auf die Bundesstraße bei Sapri. Vom Paestum nach Sapri gibt es nur Abschnitte einer Küstenstraße«; und weiter: »Das Städtchen Palinuro schmiegt sich flach an den Hang und schaut auf die cala di nord, mit seinem mit guten Steinen gepflasterten Saumpfad und seinen Häusern zwischen kleinen Gärten und terrassenartigen Orangen- und Zitronenhainen. Der ganze Sattel des Vorgebirges ist ein Wäldchen von Weiden und Eichen; hier atmet man eine Luft voller Sauberkeit und Zurückhaltung, sogar ohne das übliche Gewimmel von Kreaturen auf der Straße«. Diese »Kreaturen«, gemeint sind die Kinder, fahren nun, 40 Jahre später, auf ihren Motorrädern durch Palinuro: Die Fischergemeinschaft von Tourismus-Managern verwandelt, die damit beschäftigt sind, Hotels, Boutiquen und Campingplätze zu betreiben. Jedoch ist diese Gegend von ihrer Lage her eine der schönsten des Tyrrhenischen Meeres geblieben. Mit seiner Form als ein nach Norden gerichteter Haken ist die ganze Landzunge ein optimaler natürlicher Hafen. Dies haben wohl auch die griechischen Kolonisten geschätzt. An sie erinnert nicht weit entfernt von dem heute modernen Ort, die Reste einer kleinen Siedlung, die damals vielleicht von der märchenhaften Stadt Sibari abhängig war und bereits 500 Jahre v. Chr. unterging.

Die meisen der antiken italienischen Wohnsiedlungen längs der Strände und an den Küsten waren griechischen Ursprungs. Die Ortschaften jüngeren Alters sind Ableger solcher Ortschaften, die zwar mit Sicht auf das Meer gegründet wurden, jedoch in vorsichtiger Entfernung der Anlegepunkte barbarischer Invasoren. Viele dieser Ansiedlungen sind noch älteren Ursprungs und zum Teil noch von den Phöniziern gegründet. Aber wie alt sind sie wirklich? Die Phönizier behaupteten sich nie außerhalb ihrer Grenzen (dem heutigen Libanon) durch piratische Raubzüge oder durch Krieg, sondern stets durch den Handel. Als

Seefahrer-Söldner durchkreuzten sie das Mittelmeer und vielleicht trauten sie sich nicht über die Colonne d'Ercole (Säulen des Herkules) hinaus, durchfuhren also die Meerenge bei Gibraltar, und kamen so in das Mittelmeer zurück, nachdem sie im Auftrag des Pharaos rund um den afrikanischen Kontinent gesegelt waren. Herodot schrieb, daß die Phönizier ihre Schiffe (nach heutigen Maßstäben waren es nicht mehr als große Barken) in der Nähe des Ufers eines Landes, in dem sie vorher nie gewesen waren, ankerten. Auf dem Strand breiteten sie dann ihre Ware aus und zeigten den Bewohnern der Orte und Städte ihre Anwesenheit mit Signalen. Die Einwohner stiegen daraufhin zum Meer hinab, begutachteten die Ware und nahmen diese mit wenn sie ihnen gefiel. Wieder in Sicherheit hinter ihren Mauern, sandten sie ihrerseits den auf ihre Boote abwartend zurückgekehrten Phöniziern Signale. Diese landeten nochmals, nahmen das was ihnen an heimischen Produkten als Tauschware geboten wurde und stachen wieder in See.

Diese Art der Eroberung des Mittelmeerraumes und insbesondere Italiens, ist der Grund dafür, daß die Phönizier aus dieser Zeit keine Spuren hinterließen: Sie hatten es nicht nötig, hoch über den Meeren Burgen oder Städte zu bauen; sie betrieben ihren Handel und zogen sich daraufhin hinter die ihnen freundlich gesinnten Mauern von Tyros und Sidone zurück, um dort den Verdienst ihrer Aktivitäten zu genießen. Erst im 8. Jahrhundert begannen sie, außerhalb ihres Landes zu bauen.

Zu gleicher Zeit begann die helenische Expansion, die zu der Gründung der Magna Graecia geführt hatte. Palermo war ein Handelsstützpunkt, Mozia war die erste punische Stadt Siziliens und erstreckte sich über die ganze gleichnamige Insel, eine flache Landzunge in den Salinen von Trapani. Dort haben sie ein großes und noch gut erhaltenes phönizinisches Tophet hinterlassen, ein heiliges Gelände, wo diese pragmatischen Händler die Lithurgie ihrer Religion des Grauens zelebrierten, im Namen des großen grausamen Gottes Baal Ammon. Hier wurde der Erstgeborere Sohn jeder Familie geopfert, seine sterblichen Überreste eingeäschert und die kleine Urne mit der Asche im Boden versenkt. So wurde der Ort heilig. Jede Urne wurde durch eine Grabstelle gekennzeichnet, oft figurativ gestaltet und mit Inschriften von Gebeten.

Mozia, die vom flachsten Meer der Welt umgebene Insel, wird mit dem Festland durch eine unter Wasser laufende Straße verbunden. Waren es Strandverschiebungen, »langsames Erdbeben« genannt, die in Pozzuoli, in abwechselnden Zyklen die Ruinen des römischen Schlachthofes »Tempio di Serapo« versinken und wieder auftauchen ließen? Nein. Auftauchende Steine zeigen heute noch den Weg, dem bei Ebbe zu folgen ist. Sie ist die einzige Straße der Welt, die absichtlich unter Wasser gebaut wurde. Woanders, in Siracusa und in Ragusa auf Sizilien oder im phönizischen Tyros an den libanesischen Küsten, wurden menschliche Ansiedlungen erst auf kleinen Inseln gegründet und nach und nach mit dem Festland verbunden, wo sie sich dann weiter ausbreiteten.

Stets ist der Entwurf der Natur respektiert worden. Dies erscheine nicht als eine Behauptung der Ökologie: Die Umweltkatastrophen fanden später statt, die Wunden wurden der Landschaft von eiligen Spekulatoren geschlagen. So beschmutzt das Weiß einer modernen Hotelfassade das glänzende Schwarz der basaltischen Felsen zwischen denen sie steht, ohne daß ein ähnliches Grauen von dem blendenen Weiß antiker kalkverputzter Mauern verursacht wird, denn diese wurden von antiken Völkern erdacht und errichtet. Damals wurde noch eine Art natürlicher Urbanistik praktiziert, es wurden vor Ort vorhandene Materialien verwendet und so entstand die Farbenvielfalt der Küsten und Inselorte des Südens: Das absolute Weiß, die Grautöne und das strenge Schwarz des ligurischen Schiefers waren stets im Gleichklang mit dem starken Grün der Pinien, dem Gelb des Ginsters, dem leichten Indigoblau der Kapernblüten.

Sturmflut

Eine gewaltige Sturmflut steigt gegen den Fischerort Camogli an, im Golfo Paradiso. Die unendliche Kraft des stürmischen Meeres verschont weder das Wohngebiet, noch den kleinen Hafen, und die Wellen sind so hoch, daß sie die Mole vollständig bedecken. Die Leute bleiben erschrocken stehen und bewundern dieses zugleich faszinierende und dramatische Schauspiel, wohl wissend, wie die Kraft des Meeres jederzeit das Werk des Menschen vernichten kann.

Die Farben von Portofino

In der ganzen Welt ist Portofino berühmt für sein mondänes Leben aber auch für die Schönheit der Natur. Der Ort bietet dem Blick einen wunderbaren Farbkontrast, vom lilablau des Meeres zum intensiven Grün der Vegetation der Landzunge und ihrer im Rücken liegenden Hügel, zum Weiß der Segel und der Luxusboote. Die Fassaden der Häuser, in den typischen Farben Liguriens, Gelb, Rot und Rosa, geben der ganzen Bucht ein besonders fröhliches Gesicht.

Die Häuser von Portofino sind in der Nähe des kleinen Hafens gebaut worden und müssen sich aufgrund des Platzmangels notgedrungenerweise in die Höhe entwickeln. Die Fassaden sind in einem nüchternen und raffinierten Stil dekoriert und von den Balkonen und Fenstern ranken bunte Geranien herab. Zwischen dem Grün der Höhenzüge versteckt, erkennt man unglaublich schöne Villen, größtenteils aus dem 17. Jahrhundert und erst seit kurzem restauriert.

Cinque Terre — Zwischen Fels und Meer

Monterosso, Vernazza, Corniglia, Manarola und Riomaggiore: Längs nicht ganz vier Meilen Küste fünf zwischen Felsen eingeklemmte Ortschaften, steil über dem Meer, von terrassenförmigen Weingärten umgeben, die die Produktion bester lokaler Weine ermöglichen. Es sind Gruppen hoher und schmaler Häuser, mit warmen Farben, in einer extrem wilden Gegend gebaut, wo es weder einen Strand gibt, noch einen flachen Abschnitt des Hanges und schon gar nicht die Möglichkeit, eine Straße zu bauen; ein unvergeßliches und in der Zeit unveränderbares Fleckchen Ligurien.

Oben

Riomaggiore bei Sonnenuntergang

Rechts

Kraft und Zähigkeit der Menschen am Meer sind tief in den Gesichtern der Ligurier gezeichnet.

Seite 161

Malerisches Panorama der Küste bei Cinque Terre.

Seite 162/163

Auf dem schroffen Fels verschanzt, wehrt sich Manarola gegen die Wellen einer gewaltigen Brandung.

Seite 164/165

Noch zauberhafter erscheint dieser unvergleichbare Abschnitt der ligurischen Küste bei Sonnenuntergang.

Die bunte Insel

In Wirklichkeit aus 4 Inseln bestehend, beeindruckt Burano durch seine kleinen Häuser, die mit grellen Farben bemalt sind: Das Gelb, Grün, Rot und Hellblau der Fassaden spiegelt sich im Wasser und mischt sich dort harmonisch mit den kräftigen Farben der Fischerboote.

FONDAMENTA
CAVANELLA
CORTE
CAPEGE
65
287
IONATA

Seit dem Jahre 1500 ist Burano berühmt für ihre in aller Welt verkauften Spitzen. Bei einem Spaziergang durch die calli steht man oft plötzlich in einem Hof, zwischen zum Trocknen aufgehängter Wäsche, schwätzend arbeitender merlettaie (Spitzenstickerinnen) und Fischern, die Fisch grillen oder ihre Netze ausbessern.

Die Perle des südlichen Tyrrheno

Oben

Der Hafen von Ponza und sein weiter oben am Hügel liegendes Wohngebiet bei Nacht.

Rechts

Die konvexen und mit Kalk geweißten Dächer dienen dazu, das Regenwasser zu sammeln.

Seite 175

Die Fischerflotte von Ponza ist aktiv im Mittelmeer tätig. Die Aufnahme zeigt ein Boot für den Schwertfischfang.

Seite 176/177

Die Insel vulkanischen Ursprunges ist aus Lapillenfels und äußerst bröseligem Tuffgestein beschaffen, die eine unendliche Folge von Buchten, Landeszungen, Klippen und Kliffen gebildet haben.

Ventotene — herb und wild

Seite 178/179

Auf halbem Weg zwischen Ponza und Ischia liegt die kleine Insel Ventorene, deren Fläche kaum größer ist als ein Quadratkilometer. Hauptsächlich aus Tuffelsen beschaffen, birgt sie wertvolle Spuren der Geschichte.

CORALLI

Die amalfitanische Küste

Die amalfitanische Küste erstreckt sich zwischen dem Golf von Neapel und dem Golf von Salerno: Ortschaften einzigartiger Architektur und Farben wechseln sich mit sarazenischen Türmen und dem Grün der Agrumen-Bepflanzungen ab. Von der Küstenstraße aus, die sich hoch oben über einem Meer unglaublich klaren Wassers schlängelt, kann man wunderschöne Ausblicke genießen; es ist ein Überquellen von markanten Düften und typischen Pflanzen des Mittelmeeres: Oregano, Rosmarin, Erdbeerbaum, Geißblatt, pino marittimo und Steineiche.

Unten

In einem der schönsten Abschnitte der italienischen Küsten, zwischen dem kobaltfarbenen Meer und der duftenden macchia mediterranea, liegt die Ortschaft Positano, bekannt für seine steilen zum Strand führenden Treppen.

Seite 182/183

Der wichtigste Teil von Amalfi konzentriert sich um die Hafenbucht. Die Architektur der Häuser stammt aus Campanien, die Farben reichen von dem tagsüber so blendenden Weiß zu den zarten Pastellfarben der Häuser am Meer. Die typischen faßförmigen Dächer, nach einer antiken Technik gebaut, sollen nicht nur das Regenwasser auffangen, sondern auch die Wohnräume isolieren.

Oben

Am Ende eines anstrengenden Arbeitstages kehren die Fischer von Amalfi zum Festland zurück.

Rechts

Das Licht bei Sonnenuntergang beleuchtet die typischen, zwischen den felsigen Ausläufern der Monti Lattari verschanzten Häuser von Amalfi.

Seite 185

Der berühmte Fels »Madonna col Bambino« (Madonna mit dem Kind) steigt in der Nähe von Furore steil aus dem Meer empor.

Seite 186/187

Ein etwas unübliches Bild von Amalfi, aufgenommen während eines kurzen Schneeschauers.

Seite 188/189

Nach dem Regen zeigt sich der Regenbogen. Wie magisch aus dem Wasser emporsteigend, verbindet er das Blau des Wassers und des Himmels.

Ein Fleckchen Orient

Zwischen der extremen Spitze von Capo Miseno und der Insel Ischia gelegen, ist die grüne und an Vegetation reiche Insel Procida mit einer äußerst fruchtbaren Erde vulkanischen Ursprungs gesegnet. Die orientalische Architektur der kleinen Häuser, teilweise in den Tuffels gegraben und von Treppen und Bögen geschmückt, hat sich unverändert im Laufe der Jahrhunderte erhalten. Genauso wie auch der kleine Hafen von Corricella, der von der antiken, heute als Justizvollzugsanstalt genutzten Burg, überragt wird.

Oben

Wie immer werden auf der Mole mit dem Fischfang verbundene Arbeiten ausgeführt. Die Fischerei und die Landwirtschaft sind die wichtigsten Erwerbsquellen der Inselbewohner.

Rechts

Der kleine Hafen von Corricella ist von den Häusern der Fischer umringt: Einst mit lebhaften Farben bemalt, erscheinen sie heute unaufhaltbar von der Sonne und dem Salz gebleicht.

Ein Mosaik an Farben

Linosa bietet sicherlich ein ungewöhnliches und malerisches Bild: Dem dunklen Lavafels und dem tiefen Blau des Meeres stellt die Insel eine ganze Palette verschiedenster Pastellfarben entgegen. Tatsächlich sind die Häuser nicht nur weiß gestrichen, sondern auch rosa, grün oder gelb und mit lebhaften Farbstreifen umrandeter Fenster und Türen geschmückt. Der Brauch, auf diese Art die Häuser zu dekorieren, ist mehr als 150 Jahre alt und wurde von den Bourbonen angeordnet, als sie auf diesen letzten Zipfel Italiens ihre ersten Siedler entsandten.

35

Die Insel Linosa wird von nicht einmal ganz 450 Menschen bewohnt, die zum Großteil natürlich vom Fischfang leben. Seit einigen Jahren wird allerdings im Sommer der übliche Lebensrhythmus durch die Ankunft der Touristen unterbrochen, doch Ende September kehrt alles zur gewohnten Ruhe des Alltags zurück.

Seite 196/197

Die heutige Bevölkerung von Linosa besteht hauptsächlich aus älteren Menschen, die sich an ein Leben fern von ihrem Geburtsort wohl schlecht gewöhnen könnten. Der kleine Ort konzentriert sich um die Mole, es gibt keine großen Infrastrukturen für den Tourismus und die wenigen Restaurants sind nur während der Sommersaison geöffnet.

Seite 197 links

Unter dem Namen Algusa bekannt, diente die Insel im Mittelalter den Sarazenen als Stützpunkt für ihre Raubfahrten durch den Canale di Sicilia. Für Jahrhunderte wurde sie dann verlassen, bis 1845 als Ferdinand II. der Bourbone ihre Kolonisierung bestimmte.

Ein Ort ruht auf den Wellen

Der alte Fischerort Chianalea, historisches Zentrum der Insel Szylla in Calabrien, liegt direkt am Meer. Die alten Häuser, auf deren Fassaden die Spuren der Zeit und des engen Zusammenlebens mit dem Meer deutlich erkennbar sind, werden oft von stürmischen Wellen umspült.

Links

In den Frühjahrsmonaten ändern die italienischen Küsten ihre Gesicht: Das tiefe Grün der macchia mediterraenea und vielfarbige Blumenbüschel bedecken sie dann.

Rechts

Die Kormorane gehören zu den festen Bewohnern des Mittelmeeres.

Unter Himmel und Wasser

Längs der Küsten ziehen die Möwen vom Morgengrauen bis Sonnenuntergang unermüdlich ihre weißen und sicheren Flüge durch den Himmel.

Die Geschichte des Meeres ist eine Entwicklung im Laufe der geologischen Zeiten. Es ist die Geschichte des Lebens in ihm, der Veränderungen im Gesicht der Erde und also auch die Geschichte des Menschen. Die Landschaften wurden von den Menschen gezeichnet, die seine Ufer bevölkerten. Dies trifft besonders zu für das mare nostrum, von den Römern wirklichkeitsnah so genannt, da sie Herrscher an allen seinen Ufern waren.

Mehr als anderswo ist das italienische Meer humanisiert worden. So wie es sich heute zeigt, ist es das Ergebnis eines Kompromisses, Konsequenz eines von den Bewohnern seiner Ufer unterschriebenen modus vivendi.

Das Meer läßt sich aber an vielen Orten nicht das Recht nehmen, das letzte Wort zu haben. Die Wellen, aus ihrem natürlichen Lauf umgeleitet, erkämpfen sich den nötigen Lebensraum zurück, indem sie Sandbänke abtragen und Molen umwerfen; die seßhaften Meereslebewesen, die während ihrer ganzen Existenz unbeweglich an einem einzigen Ort leben und sich an einem soliden Untergrund festklammern, haben zwischen einer tausendjährigen Felswand und der Tür eines versenkten Automobils keinen Unterschied gesehen; die emaillierte Keramik hat sich als genauso haltbar wie Granit erwiesen; die Möwen holen sich ihr Futter aus den Händen der Passagiere auf den Fähren zu den Inseln oder schwimmen auf dem Naviglio bei Porta Ticinese in Mailand, auf dem Tiber vor dem »palazzaccio« von Rom: Das Leben des Meeres hat sich also dem Leben im Hinterland angepaßt, so wie vor Millionen Jahren Lebewesen der Erde sich wieder an das Leben im Meer gewöhnten und zu Walfischen wurden. Manchmal sind es die Algen, manchmal die Quallen, die sich unkontrollierbar vermehren und damit den Touristen ihre »schönsten Wochen« und den Organisatoren das große Geschäft verderben. Der Tourismus ist bereits der führende, direkt mit dem Meer verbundene, Wirtschaftszweig und hat dafür gesorgt, daß jeder

Meter Küste mit Stahlbeton bedeckt und von vorschriftswidrigen Abflußrohren durchlöchert wird. Jedoch haben die italienischen Meere einen eigenen, woanders nicht anzutreffenden Charme. Sie sind wesentlich erhabener, vielleicht »intellektueller« als die tropischen Ozeane, deren Triumph dafür die Schönheit einer unangetasteten Natur ist.

Vom Meer aus gesehen hat Italien ein unbekanntes Gesicht. Wie viele haben Italien umsegelt und haben sich doch von diesem Land kein anderes Bild gemacht, als diejenigen, die es stets vom Lande aus gesehen haben.

In seinem »Tod in Venedig« läßt Thomas Mann seinen Protagonisten sagen, daß »in dieser Stadt mit dem Zug anzukommen ist wie durch eine Hintertür für das Personal in einen aristokratischen und monumentalen Palast einzutreten«. Nur von dem Meere aus ankommend kann man die Essenz von Venedig verstehen: Durch die Lagune, diesen zitternden Meer-See, Meer in Taschenausgabe, rundum von den »barene« mit ihrer beruhigenden Erde geschützt, den Streifen von Sand, die mit grünem Gras und lilafarbenen Blumen bedeckt auftauchen oder unter der Flut verschwinden und so dem verblüfften Blick des Besuchers die kleineren Schwesterinseln Venedigs offenbaren: Murano, Burano, Mazzorbo, Sant'Erasmo, Torcello, San Franceso del Deserto mit seinen braun gekleideten Mönchen und seinen schwarzen Zypressen.

In den Valli di Chioggia (die »Täler« von Chioggia), wo das Gewirr der kleinen Inseln nur während der Ebbe erkennbar ist, sind die »barene« üppig von Wassergräsern bewachsen, die auftauchenden Inselchen von Sumpfpflanzen bedeckt und von Wasservögeln bevölkert: Bläßhühner, Spießenten, Möwen, Wildenten, Fischreiher. Die gleichen Vögel, die man in Gesellschaft von seltenen Fischreihern, Knäckenten, Stockenten, hochoben von einem für diesen Zweck vom WWF aufgestellten Beobachtungsturm auf Punta Alberete erspähen kann. Es ist eine zarte Landschaft mit von Eschen, Ulmen und Pappeln bewachsenen Dünen, im größten Einzugsgebiet der pineta di Classe. Mit dem Pinienwäldern von San Vitale und Cervia ist das der Rest, wenig mehr als 900 Hektar, des antiken Waldes längs der ganzen Küste. Ein Mischwald aus Eichen, Pappeln, Hainbuchen, Eschen, Steineichen und der Pinien, erst vor wenigen Jahrhunderten eingeführt. Sie sind inzwischen die dominierende Spezies geworden und, genau wie die restlichen Pflanzen, von der überhandnehmenden, durch die Industrie verursachte Umweltverschmutzung gefährdet.

Nochmals Lagunenmilieu in den Tälern von Comacchio, mit seinen 12 000 Hektar das größte Talgebiet Italiens. Hügel und Abgründe, kleine, von prächtiger Vegetation bedeckte Bodenerhebungen unterbrechen hier und dort die weite Lagune. Ihre unbeweglichen Gewässer sind reich an Aschen, Goldbrassen und Aalen, die als Jungfische eine wichtige Nahrungsgrundlage der hier überwinternden Vögel sind.

Weiter der adriatischen Küste Richtung Süden folgend, trifft man auf den Monte Conero, die äußerste Bodenerhebung Mittelitaliens. 572 m über das Meer aufragendes Kalkgestein und hellblauer Mergel, der Gipfel von den Winden kahlgepeitscht und einer zum Meer abfallenden Wand, die von einer dichten macchia mediterranea aus Ahorn, Steineichen und Aleppopinien bedeckt ist. Das Grün wird immer wieder von dem intensiven Gelb des Ginsters unterbrochen. Gewaltsam unterbrochen wird leider auch der Flug der Zugvögel, der über dieses Gebiet führt. Der unseligen Jagd fallen jährlich unzählige Schnepfen, Drosseln, Stare und Finken zum Opfer.

Es scheint, daß die Zeit auf der Halbinsel des Gargano keine Spuren hinterlassen hat, hier zwischen diesen dicht bewaldeten Bergen, ringsum vom Meer umgeben. Lebendes Symbol dieser Gegend ist der Dachs, dessen Stammvater vor über 1600 Jahren hier zur Zeit Friedrichs II., den Schwaben, ausgesetzt wurde. Senkrecht über dem Meer, das hier grellere Farben als das im Norden typische dunkelgrün annimmt, findet sich der andere Wald von Manacore, größtenteils aus Aleppopinien und weiter oben aus Oleaster bestehend, die diese Landschaft aus Grotten und Dolinen etwas freundlicher gestalten.

Auf dem Testa del Gargano (Kopf des Gargano), eine Halbinsel auf der Halbinsel, nehmen die steil in das darunterliegende glasklare Wasser abfallenden Wände ein etwas freundlicheres

Links

Das Vorgebirge von Portofino ist einer der üppigst bewachsenen Abschnitte der ganzen Ligurischen Küste.

Aussehen an: Hier wachsen Aleppopinien, Mastixbaum, Oleaster, Kakteen, Johannisbrotbaum zwischen denen Fasane, Rebhühner und Schnepfen ihre Nistplätze suchen.

Gegenüber, 12 Meilen entfernt, die Reihe der drei Tremiti-Inseln. Es sind über dem Meeresspiegel liegende Reste (so sagen die Geologen) einer einzigen Inselmasse, die in relativ jungen Zeiten auseinandergerissen wurde: San Nicola und Caprara, unbewohnt, nackt und trocken, hier und dort von schütteren Grasbüscheln einer steppenhaften Weide bewachsen; San Domino ist dagegen von weiten Pinienhainen bedeckt und duftenden Büschen der macchia mediterrania. Rosmarin, Mastix, Zistrose, Fenchel scheinen hier extra zu wachsen, um den Barschen, den Brassen, den Hummern und den anderen Klippfischen, die hier vor den Unterwassersportlern geschossen werden, bei der Zubereitung ihr Aroma zu verleihen.

Zwischen Torre Canne und Torre Guaceto, südlich von Monopoli, fast vor den Toren von Brindisi, wird das eintönige Flach der apulischen Küste vom litorale brindisino unterbrochen. 30 km lang hohe und zerklüftete Klippen, dann wieder flach und durch plötzliche Strände unterbrochen, die mit ihrem weißen Schimmer die herbe Schönheit der felsigen Landschaft besänftigen. In weiten Abschnitten salziger Sumpfgebiete vermischt sich das vom Landesinneren zufließende Wasser mit dem bei Flut eindringendem Meerwasser. Wo die Dünen den Andrang des Meeres abwehren können, erhält das Süßwasser seine Sauberkeit und beherbergt in Fischteichen Forellen und Aale. Die Vermengung von Süßwasser und Salzwasser erlaubt im »kleinen Meer von Taranto«, das von der kurzen Halbinsel Punta Penna in zwei Wasserbecken geteilt wird, die Austernzucht und das üppige Wachstum brauner und roter Algen.

Es gibt eine Passage im 12. Buch der Odyssee, die von Odysseus erzählt, als er sich zwischen Szylla und Charybdis hindurchwagte: »Je weniger sich die gegenüberliegende Klippe erhebt, wird dein Pfeil seinen Gipfel treffen. Groß grünt auf diesem, mit weiten Blättern, wild der Feigenbaum, und an seinen Füßen saugt die gefürchtete Charybdis, das schwarze Meer«. Der »wilde Feigenbaum« Transliteration des griechischen Wortes fukos, das Alge bedeutet, war zur Zeit des Odysseus, wie auch heute noch, eine große Blattangpflanze der Meeresoberfläche. Sacchoriza poliscides genannt, die ihre Blätter zwischen Villa San Giovanni und Ganzirri schwimmen läßt: Es ist ein wunderschönes und beeindruckendes Schauspiel und man versteht, wie die antiken Griechen, die niemals über die Colonne d'Ercole (Säulen des Herkules) hinausgefahren waren, denken konnten, daß diese enorme grünbraune Masse das alltägliche Mahl der Monster Szylla und Charybdis wäre. Sie waren nichts anderes als mythologische Darstellungen der äußerst starken Strömungen und der Strudel des Stretto di Messina, die »bastardi«, wie diese genannt wurden, die den kleinen Schiffen der Griechen schier unüberwindliche Probleme schufen.

Man muß schon Taucher mit viel Erfahrung sein, um im Stretto di Messina zu tauchen. Aber den wenigen, die sich hinunterwagen zeigt sich eines der außergewöhnlichsten Schauspiele der Natur. Auf dem Grund, nach 40 m, trifft man auf einen richtigen Wald, wie an keinem anderen Ort des Mittelmeeres, ein Wald aus atlantischem Riementang. Die Pflanzen erreichen eine Länge von bis zu 15 m, Stämme werden bis zu 26 cm dick. Zwischen einer Strömung und der nächsten liegt eine Pause von ca. 10 Minuten. Der Riementang richtet sich Richtung Meeresoberfläche auf und streckt seine 2 m breiten Riemen dem durch die Wasseroberfläche eindringenden Licht entgegen. Um so mehr die Strömung an Stärke zunimmt, biegen sich die Riemen soweit, bis sie parallel zum Meeresboden liegen; einige klammern sich mit ihren Wurzeln, die denen der Mangrove ähneln, an kleine 20 oder 30 kg schwere Steine und bewegen sich hüpfend, von der Gewalt dieses reißenden Flusses mitgerissen. Zwischen diesen grünen Gespenstern schwimmen auf ihren Jagdzügen auf Kleinfisch die Schwertfische.

Weitere Lagunen, denen der Adria ähnlich, findet man längs der nördlichen Küste Siziliens, in der Provinz von Messina. Die Lagunen von Tindari wurden von parallel zur Küste verlaufenden Sand- und Kiesbänken gebildet, am Fuße des gleichnamigen Vorgebirges, das zwischen Capo Calava und Capo Milazzo im Golf von Patti sich in das Meer hinausstreckt. An der Ionischen Küste ist die Baia delle Sirene eine der schönsten Stellen: zwischen Capo Taormina und Capo Sant'Andrea, mit einer über dem Meeresspiegel geöffneten Grotta Azzurra, öffnet sich die Bucht. Die Isola Bella in ihrer Mitte kann über eine Landzunge auch zu Fuß erreicht werden. Das Grün des Wassers spiegelt die Farben der an den Hängen festgeklammerten Vegetation: Kakteen und blühende Büsche, die sie ganz bedecken. Weiter unten, rund um die Isola Bella (auf der ein einziges Gebäude steht, eine

wunderschöne Villa, vor jedem indiskreten Blick gut versteckt), fällt der Grund schnell bis auf 30 m Tiefe ab und beherbergt einen der schönsten Unterwassergärten des ganzen Mittelmeeres: Die Wände sind vollkommen von schwarzen, gelben und blauen Schwämmen bedeckt, mit Astroiden tapeziert, mit Spitzen der Meeresrosen geschmückt; gründe, braune, gelbe, blaue Algen sind die Weiden einer lebendigen Vielfalt an Kleinstfischen und kleinen Meeresschnecken in grellen Farben.

Auf Marettimo fördern die Einwohner wunderschönen und wertvollen Marmor, aus dessen grünen und weißen Kalkkristallen der ganze Körper der Insel besteht. Außer dem kurzen bewohnten Küstenstreifen (wenige flache Häuser, quadratisch, mit einem terrassenförmigen Dach, blendend weiß getüncht), wo Kakteen und Mannaesche wachsen, wird die Insel von der üppigen macchia mediterranea behauptet. Rosmarin, Wolfsmilch, Mastix, Erika, Steineiche und Geißblatt sind in den »orru«, tiefen Felsspalten, sicher vor den Ziegen versteckt, die woanders die Vegetation dieser Insel zerstört haben.

Das jahrhundertelang isolierte Marettimo ist sicherlich eine der schönsten und unberührtesten Inseln des Mittelmeeres. Hier sind die Hauskatzen zu Wildkatzen geworden und gehören nun zu der lokalen Fauna mit dem Kaninchen, dem Adler, den schwarzen Schmatzern, den Sturmvögeln, die mit hängenden Füßchen über die Wellen fliegen, den Wildtauben und den Wanderfalken. Fischadler und Seehund sind bereits zur Legende geworden: das letzte Robbenexemplar wurde 1901 gefangen. Weiterhin lebt auf der Insel der biacco carbonaro, eine tiefschwarz und glänzende Schlange, die die Häuser der Bewohner von Mäusen und Insekten freihält.

Auf Pantelleria hat die Natur dem Menschen geholfen. Die Montagna Grande, der höchste Gipfel der Insel, ist ein seit über hunderttausend Jahren erloschener Vulkan. 24 Krater umgeben den Berg, der von den Bewohnern der Insel »cuddie« genannt wird. Zwischen den Erhebungen schneiden sich tiefe und weite Täler ein, äußerst fruchtbar, und von den Bauern in Jahrhunderten Arbeit in grüne Amphitheater verwandelt. Aus diesem herben, mondartigen Boden, von einem ständigen Wind gepeitscht und nur selten durch Regen begünstigt, haben es die Menschen verstanden, Trauben bester Qualität zu gewinnen, schmackhafte Kapern und zuckersüße Feigen. Natursteinmauern schützen Palmen, Orangen- und Zitronenbäume vor der zerstörerischen Kraft des Windes. Von der Myrte zum Wacholder, vom Ginster zum Lavendel: Hier wird die macchia mediterranea zu einer besonders üppigen Pracht und auf der Costa di Ghirlanda (Girlandenküste) gar zu einem undurchdringlichen Wald.

Seite 206

Die Möwen sind die typischen Vögel des Meeres. Frei und sicher schweben sie über den Küsten und der Wasseroberfläche, stets auf der Suche nach Nahrung.

Seite 207

Eindruckvoller Abschnitt der Küste Sardiniens, ein Kontrast zwischen herber felsiger Natur und üppiger Frühjahrsflora.

Seite 208/209

Ein Reiher, an der Mündung des Po im Schilf versteckt, späht im warmen Licht des Sonnenuntergangs auf die vergoldete Wasseroberfläche.

Auf der Reise entlang der Küsten unserer Halbinsel trifft man auf weitere unangetastete Schönheiten der Natur: Caop Scalea, vor der Isola di Dino in das Tyrrhenische Meer stürzend, von einsamen Olivenbäumen gekrönt und im Frühjahr von den Kelchen der Primeln von Palinuro mit Gold bedeckt. Oder auch die Isola di Cirella, flach und rund, auf der, wie auch auf der Isola di Dino, zwischen Erika, Ginster und Blaubeere auch Süßklee und Strandnelke wachsen, deren lebhafte Farben mit dem Grau der vom Meer ausgewaschenen Granite kontrastieren.

Mit jedem Schritt längs der italienischen Küsten Richtung Norden registriert das Meer genauestens die durch höhere Breitengrade verursachten Klimaveränderungen. Merkmal der Landschaft ist weiterhin die macchia mediterranea. Deren Palmen, die zwar keine Datteln tragen, reichen bis nach Neapel; man wird sie an der Riviera Ligure wiedersehen. Etwas südlich von Neapel leben Fische wie der Thalassoma pavo, der aus den subtropischen Gewässern des Roten Meeres stammt, jedoch nach der Öffnung des Suezkanales in das Mittelmeer ausgewandert ist. Seesterne und Parazoen, weiche Korallen, die nur in sehr eng begrenzten Temperaturbereichen leben können, haben sich den frischen Gewässern des Arcipelago Toscano angepaßt.

Ustica ist die nördlichste gelegene Insel des Mittelmeeres und liegt sozusagen auf dem Weg der durch die Meeresenge bei Gibraltar in das Mittelmeer eingedrungenen atlantischen Strömungen. Hier ist das Leben unter Wasser außerordentlich reich: Auf Banco Apollo, 60 m tief, steht ein Wald von Riemenalgen, der eigentlich typisch für den Ozean und normalerweise im Mittelmeer nicht anzutreffen ist. Die Pflanzen hier sind das Objekt intensiver wissenschaftlicher Studien, denn sie könnten den Schlüssel zum Geheimnis des Mittelmeeres enthalten.

Irgend etwas geschah mit diesem Meer vor 6 Millionen Jahren, doch wir wissen es nicht genau: Verdunstete es komplett und verwandelte sich sein Grund in eine Salzwüste oder überlebte ein kleiner Teil dieses Beckens? Die Antwort auf diese Fragen könnte eine große Hilfe bei der Rekonstruktion der ältesten Geschichte unserer Erde sein. Die Hypothese, das Mittelmeer sei eine Zeit lang ohne Wasser gewesen, wurde aufgestellt, nachdem Geologen aus aller Welt Jahre lang detaillierte Forschungen durchgeführt hatten. Aber die Theorie der kompletten Verwüstung (mit hier und dort einigen kleinen Süßwasserseen) wird, obwohl Beweise dafür vorliegen sollen, im wissenschaftlichen Bereich nicht ohne Vorbehalt angenommen.

Es sind die Meeresbiologen, die daran zweifeln, daß das ganze Mittelmeer verschwunden, verdunstet gewesen sei, ohne daß irgendwo eine kleine »Bucht« dieses Ex-Meeres überlebt hätte. Diese Zweifel werden durch eine Pflanze unterstützt, die die Fischer der Küstenorte, die Badegäste und sogar die Redakteure der nautischen Karten des Hydrografischen Instituts der Marine, summarisch als »Alge« definieren. Die auf den nautischen Karten dargestellten Algenbänke sind in Wirklichkeit von der Posidonia kolonisiert, einer Pflanze terrestrischer Herkunft, mit Wurzeln, Stiel und Blättern. Die Blüte findet zwischen September und November statt und die Samen, olivenähnlich, keimen sofort, so daß man bereits Ende Mai kleine Pflanzen finden kann, die aus den im März gereiften Samen entstanden sind. Die Verbreitung der verschiedenen Arten hängt direkt von den paleografischen Gegebenheiten der unterschiedlichen Weltmeere ab. Die Gattung Posidonia ist in unserem Meer dominierend; acht verschiedene Arten wurden im Mittelmeer gefunden, doch sie sind auch rund um Australien verteilt. Hauptsächlich längs der Südküsten Westaustraliens, deren Gewässer etwa die Temperaturen des Mittelmeeres haben.

Eines der Phänomene der Natur, die die Entstehung der geschichtlichen Biogeografie gefördert hat, ist die Verbreitung von phylogenetisch verwandten Organismen an entfernten und nicht zusammenhängenden Orten. Die Posidonia ist eines der deutlichsten Beispiele dafür, denn sie ist in den Gewässern des Atlantik nicht anzutreffen. Um durch die unzusammenhängende Verbreitung der Spezien und Arten der Posidonia die Abstammung der Meereslandschaft des Mittelmeeres von den zwei östlich gelegenen Ozeanen (Indischer und Pazifischer Ozean) zu beweisen, wurde in den Gewässern von Cape Naturaliste, südlich von Perth, und den Inseln Abrolhus von einigen italienischen Wissenschaftlern umfangreiche Forschungen betrieben. Sie richteten sich besonders auf Fragestellungen der phytogeografischen Geschichte.

Im Gegensatz zum Riementang lebt die Posidonia in allen italienischen Gewässern und fungiert dort als wichtige Alarmglocke gegen die Verschmutzung der Gewässer. Die Unterwasserwiesen dieser Pflanze spielen eine wichtige ökologische Rolle, z. B. bei der Bildung von Sauerstoff im Wasser, wie es die Pinienwälder auf dem Lande tun.

Aufgrund des Einflusses der Wassermassen auf das Klima ist die Meereslandschaft des Bel Paese relativ uniform. Abwechslungsreich ist dagegen die Beschaffung der Küsten je nach

ihrem geologischen Ursprung. Das herbe Lavagestein von Sizilien und den kleineren Inseln weicht weiter nördlich lieblicheren Landschaften, hellerem Gestein, Flecken eines immer intensiveren und dichteren Grüns. Die macchia mediterranea ist die Form natürlicher Bepflanzung, die am geeignetsten ist, den Boden zu bedecken und zu schützen: sie besteht aus immergrünen Pflanzen, widersteht den Dürrezeiten und dem vom Wind herangetragenen Salz. Sie befestigt die Dünen der Küste und schützt auf diese Art die Anpflanzungen des im Rücken liegenden Hinterlandes. Wo die Menschenhand als Schmuck und Touristenattraktion gepflanzten Pinienwäldchen der harten Natur unterliegen, gewinnt die macchia mediterranea überhand und triumphiert mit ihren Pflanzen: Espartogras, Sandquecke, Thimoteusgras, Wacholder, Myrte, Erika, Mastix, Geißblatt, Erdbeerbaum, Steineiche und Kork. Wo die macchia mediterranea nicht Wurzeln schlagen kann, weil das Süßwasser eines kleinen Sees oder

einer Flußmündung das salzige Wasser des Meeres verdrängt, übernehmen dichte Schilfwälder, typische Pflanzen salzhaltiger Sumpfgebiete, die Aufgabe das direkt folgende Hinterland zu schützen. Sowohl im ersten als auch im zweiten Fall sind diese Pflanzen äußerst zäh und nur die Ziegen und die Menschen können sie zerstören. Die Pflanzen schützen die auffälligere Vegetation der Pinienhaine und der Wälder, die sich bis zum Meeresufer vorwagen. So etwa längs der Küsten von Kampanien, auch längs der hohen und steilen Ufer der amalfitanischen und sorrentinischen Küste, der Region Lazio, Toscana und Ligurien.

Am 25. Januar 1934 wurde die Gegend um den Monte Circeo zum Naturpark erklärt. Der Grund war die Trockenlegung des Sumpfgebietes Paludi Pontine, die den Wald von Terracina zerstörte, weil die Tiere aus ihrer Umwelt verjagt und seltene, alte Bäume entwurzelt wurden. Eine Landzunge aus durchwurzeltem Sand trennt den See von Sabaudia, der innerhalb dieses Gebietes liegt, vom Meer und schützt ihn vor diesem. Ähnlich liegt an der südwestlichen Küste Sardiniens der große Weiher von Cabras, über dem sich der Himmel plötzlich von Hellblau in Rosa verfärbt, wenn sich die reich bevölkerte Flamingokolonie plötzlich in den Himmel schwingt. Eine Oase, die Sardinien einen zusätzlichen exotischen Zauber schenkt, auch wenn diese Insel schon von sich aus offensichtlich genügend »anders« ist. Leider auch eine vom Aussterben bedrohte Oase, wie es in Cala Gonone geschehen ist. Auf Sardinien gab es im Laufe der Jahrhunderte ein festes ökologisches Gleichgewicht, das im ganzen Mittelmeer kein Pendant findet. So war es bis vor kurzem für den Golf von Taranto, wo uralte Olivenbäume fast auf dem Strand wuchsen und in Gioia Tauro in Kalabrien, wo ein wilder Wald von sarazenischen Olivenbäumen und Agrumen von den Bulldozern weggefegt wurden, geopfert auf dem rauchenden Altar des Moloch des Parteienopportunismus.

Vielleicht gibt es für die Küsten Italiens einen Wendepunkt, wird die Zerstörung doch noch gestoppt und ein neuer Anfang möglich. Denn wenn man das Meer gewähren läßt, es ihm erlaubt, die Schönheit wieder in sich aufzunehmen, wird es sie ohne Unterschiede an uns alle wieder verteilen.

Spiaggia Rosa

Der rosafarbene Strand »Spiaggia Rosa«, kleine Bucht der Insel Budelli im Norden von Sardinien, erhielt seinen Namen von der Farbe des Sandes, der aus einem äußerst feinen Granitstaub, Muscheln und anderen kleinen Meeresorganismen besteht. Der Kontrast zum klaren und türkisfarbenen Wasser ist von atemberaubender Schönheit.

Zusammentreffen im Frühjahr

An einem klaren Maitag, in der absoluten Ruhe der Spiaggia Rosa spazierengehend, hat sich eine einzigartige Gelegenheit ergeben: Ein unerwartetes Zusammentreffen mit einer Krake, die knapp unter der Wasseroberfläche schwamm.

In der stummen Welt der Korallen

Ansiedlungen gelber und orangefarbener Schwämme, rote Korallen, steil in das Blau abfallende Wände, stumme Schatten, die jeder Begegnung aus dem Weg gehen. Die Tiefen unserer Meere zeigen eine Landschaft unglaublichen Reichtumes und unendlicher Vielfalt, die strengstens vor jeder weiteren Zerstörung beschützt werden muß.

● *Oben*

Korallen und Gorgonien bedecken im Schutzgebiet des Meeres von Ustica die Felswände der Meerestiefen.

■ *Rechts*

Ein kleiner Schleimfisch zeigt sich neugierig vor seinem Schlupfwinkel.

■ *Seite 220/221*

Wie eine unvergleichbare Stickerei hebt sich diese Gorgonie vor dem Hintergrund des Meeres ab.

Seite 222

In einigen Abschnitten der italienischen Küste, besonders auf Sardinien, schaffen steil abfallende Klippen und starke Unterwasserströmungen ideale Lebensbedingungen für eine vielfältige und prächtige Meeresfauna.

● *Oben*

Unter der Meeresoberfläche läßt die Natur ihrer Phantasie freien Lauf und schafft eine Unzahl stets neuer bewundernswerter Lebensformen.

● *Seite 223 oben*

Rhythmisch schwingt diese wunderschöne Bildung von alcionari in der Strömung.

■ *Rechts*

Das Meer im Norden Sardiniens ist äußerst reich an Leben und Farbe. Abgebildet ein Drachenkopf: Einer der typischsten Bewohner der Tiefen des Mittelmeeres.

Seite 224/225

Silberne Spuren zieht dieser Schwarm von Fischen durch die Dunkelheit der Meerestiefe.

Seite 227 rechts

Eine kleine Gruppe Meerbarben, im Meer vor Ventotene fotografiert.

Oben

Ein Meeraal schaut aus seinem Bau, von dem Licht der Lampen gestört und angezogen.

★ *Rechts*

Ein Schwarm Umberfische schwimmt über dem felsigen Meeresboden vor den Tremiti-Inseln.

■ *Seite 227 links*

Typischer Meeresboden vor der Insel Lampedusa.

★ *Seite 227 links*

Eine Meeres-Anemone zeigt sich in den Gewässern vor Lampedusa mit ihrer üblichen Eleganz.

■ *Rechts*

Das Aussehen der Fische richtet sich stets nach praktischen Bedürfnissen: Sie garantieren für eine perfekte Tarnung, dienen als Lockmittel in der Paarungszeit oder signalisieren eine feindliche und aggressive Haltung.

● *Oben*

Von der Anwesenheit des Tauchers erschrocken, sucht dieser kleine Tintenfisch einen Schlupfwinkel zwischen der dichten Vegetation der Algen.

■ *Rechts*

Ein Wrackbarsch schaut vorsichtig und neugierig hinter den Felsen vor.

Ein Flug über das Meer

Rechts

Dank durchgreifender Maßnahmen des Tierschutzes nisten der Gänsegeier und der Fischadler heute wieder an den italienischen Küsten.

Unten

Elegant hebt ein Kormoran von der Wasseroberfläche zum Flug ab.

Seite 232/233

Im Flug der Möwen sind alle Gesetze der Aerodynamik vereint.

Die wilde Natur der Inseln

● *Seite 234/235*

Die Küste der Insel Caprera erstreckt sich über eine Länge von 45 km: Eine atemberaubende Folge von Buchten, Landzungen und steilen Klippen, reich an Blumen und typischen Meerespflanzen.

■ *Seite 236/237*

Ein schönes Beispiel der üppigen Vegetation, die zwischen Palau und Capo Testa die Küste bedeckt.

★ *Seite 238/239*

Noch von dem sommerlichen Ansturm der Touristen verschont, haben die Küsten von Lampedusa ihren natürlichen Reiz bewahrt.

■ *Seite 240*

Wunderbares Bild der zugleich milden und wilden Natur der Spiaggia Rosa von Budelli.

Aufnahmen:

Marcello Bertinetti: Einband, Seite 1, 4—5, 6—7, 8, 9, 10—11, 14—15, 18—19, 20, 22—23, 36, 37, 39, 42—43, 44, 45, 47 oben, 52—53, 54, 55, 56—57, 58—59, 60, 61, 70 links, 92— 93, 104, 105, 106—107, 108, 109, 110, 111, 112—113, 114, 115, 116—117, 118, 119, 120, 121, 122—123, 124, 125, 130 unten, 144, 145, 146—147, 148—149, 150—151, 152—153, 154, 155, 156—157, 158—159, 160 oben, 160 unten links, 164—165, 166, 167, 168—169, 170, 171, 202, 203, 204—205, 206, 207, 210, 211, 212—213, 214, 215, 216—217, 227 oben links, 230—231, 232, 233, 234, 235, 236—237, 240.

Marco Capovilla: Seite 161

Anne Conway: Seite 66—67, 94—95, 97 oben links, 98—99, 176—177, 194 links.

Carlo de Fabianis: Seite 136 oben, 155 oben links.

Pierfranco Dilenge: Seite 229 oben rechts.

Angelo Gandolfi: Seite 231 oben rechts.

Cesare Gerolimetto: Seite 50—51, 126, 127, 128, 129, 172—173.

Andrea Ghisotti: Seite 96, 97, 218 links, 220—221, 224—225, 226, 227, 228—229, 229 oben links.

Gianfranco Giudice: Seite 226 links.

Maurizio Leigheb: Seite 196 links.

Carlo Mari: Seite 97 oben rechts, 130 oben, 131 (mit der freundlichen Zustimmung des Centro Sperimentale di Archeologia Subacquea — Istituto Internazionale Studi Liguri), 219, 222 links.

Italo Monetti: Seite 227 oben rechts.

Mauro Petrini: Seite 68—69

Daniele Pellegrini: Seite 84—85

G. Picchetti/Panda Photo: Seite 228 links.

Sergio Quaglia: Seite 218 rechts, 223 oben.

Folco Quilici: Seite 46—47, 48—49

Oreste Ragusi: Seite 72—73

Luciano Ramires: Seite 78 oben, 208—209

R. Rinaldi/Panda Photo: Seite 222—223

Claudio Ripa: Seite 134—135

Fulvo Rizzo: Seite 132

Ghigo Roli: Seite 94

Domenico Ruiu: Seite 231 oben rechts.

Luca Tamagnini/Archivio Folco Quilici: Seite 70—71, 132—133

Giulio Veggi: Seite 2—3, 12, 13, 16—17, 21, 24, 25, 26, 28, 29, 30—31, 32, 33, 34, 35, 38, 40—41, 62, 63, 64—65, 68, 69 oben, 71 (oben rechts), 74, 75, 76—77, 78 unten, 79, 80, 81, 82, 86, 87, 88, 89, 90—91, 100, 101, 102, 103, 136 unten, 137, 138—139, 140, 141, 142—143, 160 unten rechts, 162—163, 174, 175, 178, 179, 180—181, 182, 183, 184, 185, 186—187, 188—189, 190, 191, 192, 193, 194—195, 197, 198, 199, 200—201, 238—239.

Eugenio Zinna/Laura Ronchi: Seite 71 oben links.